ジャストシステム公認

まるごと活用！
一太郎2020
リファレンス編

ジャムハウス編集部 ［編］

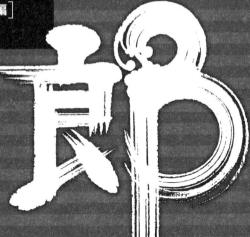

35th
Anniversary

Jam House

かしこい
日本語。
ATOK

■本文中のキー表記については、基本的に Windows パソコンでのキーボード（日本語106キーボード）で表示をしています。なお、日本語対応のキーボードではない場合、本書中で解説している機能が実行できないことがありますので、ご注意ください。

■キーボード上でのキーは、[Esc] のように囲んで表記しています。

■キーを「＋」でつないでいる場合は、2つあるいは3つのキーを同時に押しながら作業をすることを示しています。たとえば、[Shift] ＋ [A] の場合は、[Shift] キーを押しながら [A] キーを押すという動作を示します。

■マウス操作については、「クリック」と表記されている場合、左ボタンでのクリックを表しています。右ボタンでのクリックは「右クリック」と表記しています。

■本書中の画面は Windows 10、一太郎2020 プラチナ[35周年記念版]の環境で作成しました。

■本書では、特に注釈のない場合、一太郎の画面や操作環境は初回起動時の設定で解説しています。

■本書では、ジャンプパレットやツールパレットは解説内容に応じて表示／非表示を切り替えていることがあります。

■本書では、解説内容に応じて画面表示の解像度を変更している図版があります。そのため記載されている画面表示と実際の操作画面で、多少イメージが異なる場合があります。操作上の問題はありませんので、ご了承ください。

■インターネットに関係する機能は、サービス内容および画面が随時変更する場合がありますので、ご了承ください。

Contents

第2章　一太郎2020 プラチナ[35周年記念版]編　127

NEW! 新機能、新搭載のソフト
UP↗ 強化機能
限定 一太郎の35周年を記念して搭載された
ソフト、コンテンツ、フォント

第1章 ▶ 一太郎2020編

第1章では、一太郎2020 および ATOK for Windows 一太郎2020 Limited（以下、ATOK）の機能を、使い方別に解説しています。「読みやすい位置で改行したい」「誤読しやすい語にまとめてふりがなをふりたい」など、やりたいことをキーワードに、ファイルを開く操作から文書スタイルの設定、罫線表の作成、印刷などを参照できます。

001 ファイルを開く
文書ファイルを読み込みたい

メニュー ▶ [ファイル－開く] ／

　一太郎で作成した文書を編集するには、目的の文書ファイルを読み込む必要があります。これには、パソコンに保存したファイルを直接指定して読み込んだり、過去の読込履歴から読み込んだりする方法があります。ここでは、ファイルを直接指定して読み込む方法を説明します。

● 文書ファイルを指定して読み込む

1 ツールバーの [開く]をクリックします。

2 [開く] ダイアログボックスが開くので、読み込む文書ファイルを選択します。

3 OK をクリックします。

4 文書ファイルが読み込まれて編集できる状態になります。

HINT 履歴ファイルから読み込む

[ファイル] メニューには、過去に読み込んだファイルの履歴が最大9個まで表示されます。そこから選択して、ファイルを読み込むこともできます。また、[履歴ファイルから開く] を選択して、読み込んだ履歴の一覧から選択することもできます。

最大 9 つの履歴が表示されます。

HINT 文書ファイルを直接開く

Windowsのエクスプローラーで、一太郎の文書ファイルをダブルクリックすれば、一太郎が起動して、その文書ファイルが読み込まれます。

MEMO

白紙の新規文書を作成するには、ツールバーの [新規作成]をクリックするか、メニューの [ファイル－新規] を選択します。

002 NEW! 文字コードを選択して開く
テキストファイルの文字コードを選択して開きたい

メニュー▶[ファイル−開く]／

　テキストファイルを読み込む際に、文字コードを指定できます。通常は「自動判定」で問題ありません が、自動判定で文字化けが発生する場合は、文字コードを変更することで、正しく読み込めます。

● 文字コードを指定して テキストファイルを読み込む

1 ツールバーの [開く]をクリックします。

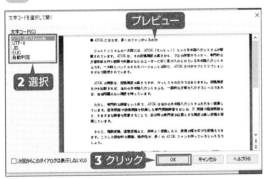

2 [開く] ダイアログボックスでテキストファ イルを選択して OK をクリックすると、[文 字コードを選択して開く] ダイアログボッ クスが開きます。[文字コード] で文字コー ドを選択します。プレビューでファイルの 表示を確認できます。

3 OK をクリックします。

MEMO

[開く] ダイアログボックスの [ファイルの 種類] で「テキストファイル (.txt)」を選 択すると、テキストファイルだけに絞り込ま れて表示されます。

4 テキストファイルが読み込まれます。な お、テキストファイルを読み込むと、自 動的にエディタフェーズになります。
➡ フェーズの切り替えは 33 ページへ

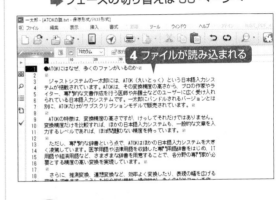

プレビューで文字化けを 確認する

[文字コードを選択して開く] ダイアログ ボックスのプレビュー表示で、文字化けが発 生するかどうかを確認できます。通常は「自 動判別」で問題ありませんが、自動判別で文 字化けが発生する場合は、プレビューで正し く表示される文字コードを選択してから読 み込んでください。

プレビューで文字化けの有無を確認できます。

003 名前を付けて保存

文書をファイルに保存したい

メニュー▶[ファイル－名前を付けて保存]／

　新規に作成した文書は、ファイル名を付けて保存します。文書を保存するためには、必ずファイル名を付ける必要があります。保存しないで一太郎を終了すると、作成した文書が失われるので注意してください。

文書にファイル名を付けて保存する

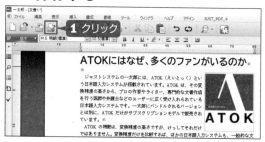

1 ツールバーの [名前を付けて保存]をクリックします。

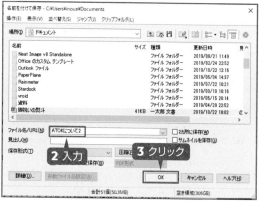

2 [名前を付けて保存]ダイアログボックスが開くので、[ファイル名/URL]にファイル名を入力します。

3 OK をクリックします。

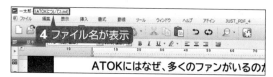

4 文書が保存されます。設定したファイル名は、タイトルバーに表示されます。

ファイルを上書き保存する

一度ファイル名を設定した文書は、次回からは [上書保存]をクリックするか、メニューの[ファイル－上書保存]を選択するだけですぐに保存されます。編集した内容をファイルに反映するなら、上書保存を実行してください。

ファイル名を変えて保存する

ファイル名を付けた文書で、ツールバーの [名前を付けて保存]をクリックするか、メニューの[ファイル－名前を付けて保存]を選択すると、名前の異なる別ファイルとして保存できます。

保存し忘れた場合は……

一太郎には、編集中の文書を自動的に保存するバックアップ機能があります。メニューの[ファイル－バックアップ－保存し忘れた文書のバックアップを開く]を選択すると、保存し忘れた内容を復活できます。

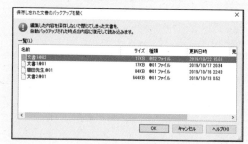

004　他形式の保存/開く

文書をWord形式やPDF形式で保存したい

メニュー▶[ファイル－他形式の保存/開く]／

　一太郎は、作成した文書をWord形式やPDF形式で保存できます。提出する文書の形式を指定されたときや、文書を渡したい相手が一太郎を持っていない場合など、相手が表示できる形式にして渡すことができます。

● 文書をWord形式やPDF形式で保存する

1　ツールバーの[名前を付けて保存]の右にある▼をクリックします。

2　Word形式で保存するなら[Word文書として保存]、PDF形式で保存するなら[PDF保存]を選択します。ここでは[Word文書として保存]を選択します。

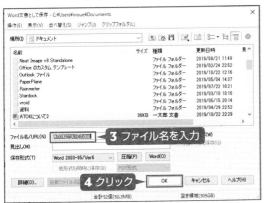

3　[保存形式]に選択したWord文書の形式が選ばれた状態で[名前を付けて保存]ダイアログボックスが開きます。保存する場所を指定したら、[ファイル名/URL]にファイル名を入力します。

4　OKをクリックします。

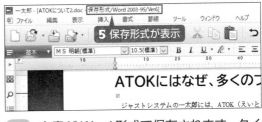

5　文書がWord形式で保存されます。タイトルバーには、Wordの形式であることが表示されます。

 PDF形式で保存する

手順2で[PDF保存]を選択すると、PDF形式で保存できます。なお、「JUST PDF [作成]」がアドインされているときは、複数のシートがある場合、現在のシートだけ変換するか、すべてのシートを変換するかを選択できます。

MEMO

「一太郎2020プラチナ[35周年記念版]」搭載の「JUST PDF 4 [作成・編集・データ変換]」または、「JUST PDF 4 [データ変換]」がインストールされた環境の場合、[JUST_PDF_4 － PDFに変換]メニューが表示され、ここからPDF形式で保存することもできます。

 画像に変換して保存する

メニューの[ファイル－他形式の保存/開く－画像に変換して保存]を選択すると、文書を画像に変換することができます。

005 **NEW!** 他形式の保存/開く

PDFや画像ファイルを文書に変換して開きたい

メニュー ▶ [ファイル－他形式の保存/開く－PDF文書を開く／Word文書を開く／画像から変換して開く]

「一太郎2020 プラチナ[35周年記念版]」に搭載されている「JUST PDF 4 [作成・編集・データ変換]」がインストールされている場合は、PDFファイルや画像ファイルを読み込んで編集できます。文字や画像が自動的に認識されて、一太郎で編集できるデータに変換されます。

● 他形式の文書を一太郎文書に変換して開く

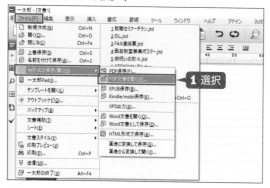

1 ここでは、PDFファイルを一太郎文書に変換して読み込む場合を説明します。メニューの[ファイル－他形式の保存/開く－PDF文書を開く]を選択します。

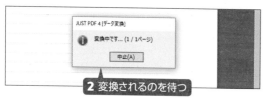

2 [開く]ダイアログボックスでPDFファイルを選択して OK をクリックすると、変換処理が始まります。処理が終わるまで待ちます。

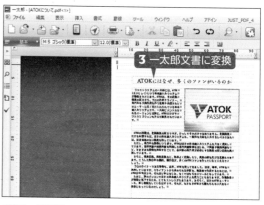

3 PDFファイルが一太郎文書に変換されて読み込まれます。一太郎で編集できる状態です。

➡ JUST PDF 4 [作成・編集・データ変換]の詳細は158ページへ

テキスト補正を行える

PDFファイルや画像ファイルを一太郎文書に変換する際、全角・半角の変換や空白の削除、誤字脱字のチェックなどを行えます。

➡テキスト補正については87ページへ

[オプション]ダイアログボックスの[ファイル操作－ファイル操作]で、[PDF文書を開く時にテキスト補正を実行する]で「する」を選択します。

006 **NEW!** 一太郎 Pad

「一太郎Pad」で書いたメモを一太郎で活用したい

メニュー▶[ファイル－一太郎 Pad]／

メモ作成アプリ「一太郎 Pad」は、いつでも、どこでも、手軽にメモを作成できるスマートフォン・タブレット専用のアプリです。写真からの自動文字おこしにも対応。一太郎 2020 との連携活用で、文書作成の幅がさらに広がります。

● 場所を選ばずメモを入力

1 表示されるキーボードから直接メモを入力。現在時刻やスペースなどは、「省入力ツール」を使えばタップするだけでサッと入力できます。

● 写真の中の文字を自動でテキストに変換

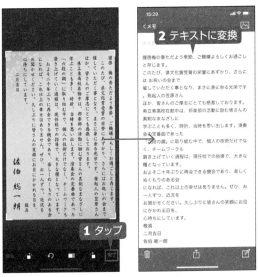

1 旅先で見た案内板や仕事の紙資料などをスマホで撮影したら、必要な部分をトリミ

ングして 完了 をタップします。

2 写真の中の文字が、自動でテキストに変換されます。

※画像の内容によっては、期待どおりの文字変換にならない場合があります。

● メモのデータを一太郎 2020 に読み込む

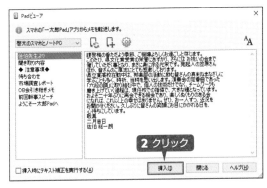

1 ツールバーの  [一太郎 Pad]をクリックします。

2 読み込むメモを選択し、[Pad ビューア]で内容を確認したら、挿入 をクリックします。メモが一太郎に読み込まれ、データを再利用できます。

MEMO

[挿入時にテキスト補正を実行する]のチェックをオンにすると、誤字脱字のチェック処理などを行えます。

007 テンプレートを開く

テンプレートから新規文書を作成したい

メニュー ▶ ［ファイル－テンプレートを開く－テンプレートを開く］／

　テンプレートをもとに新規文書を作成できます。FAX用紙や便せん、のし紙など、さまざまなテンプレートが用意されています。あらかじめレイアウトされているので、ゼロから作成するよりも効率的に美しい文書を作成することができます。

● テンプレートをもとに新しい文書を作成する

1 ツールバーの ［開く］の右にある ▼ をクリックします。

2 ［テンプレートを開く］を選択します。

3 ［パーソナル］か［ビジネス］を選択します。ここでは［パーソナル］を選択します。

4 テンプレートの種類を選択します。ここでは「のし紙」を選択します。

5 テンプレートを選択します。ここでは「のし紙01」を選択します。

6 ［開く］をクリックします。

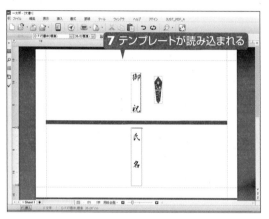

7 テンプレートが読み込まれます。

8 テンプレートの文字を書き換えて文書を作成します。

HINT 必ずファイル名を付けて保存する

テンプレートをもとに作成した文書は、新規文書になります。このため、ファイル名を付けてファイルとして保存してください。

008　バックアップ

もしもに備えて文書をバックアップしたい

メニュー▶［ファイル－バックアップ］

　編集中の文書をバックアップする機能が3種類用意されています。文書を保存したり閉じたりするときにバックアップする「保存時バックアップ」、停電等に備えた「自動バックアップ」、そして「バックアップの履歴」です。ここでは、バックアップの設定を変更する方法を説明します。

● バックアップの設定を変更する

1 メニューの［ファイル－バックアップ－設定］を選択します。

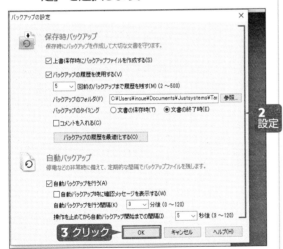

2 ［バックアップの設定］ダイアログボックスが開くので、各項目を設定します。詳細はHINTを参照してください。

3 ［OK］をクリックします。

保存時バックアップの設定

上書き保存するときに前の文書をバックアップするには、［上書保存時にバックアップファイルを作成する］のチェックをオンにします。複数のバックアップを残しておくには、［バックアップの履歴を使用する］をオンにし、残しておく履歴の数を指定します。その際に、バックアップファイルを作成するフォルダと、バックアップを実行するタイミングを指定できます。

自動バックアップの設定

自動バックアップを有効にするには、［自動バックアップを行う］のチェックをオンにします。さらに、バックアップ時にメッセージを表示するかどうか、バックアップを実行する時間の間隔を設定できます。

MEMO

初期設定では、10回前までのバックアップの履歴が保持され、上書保存時のバックアップ／自動バックアップも有効になっています。

009 ドキュメント検査

文書に含まれている個人情報などをチェックしたい

メニュー ▶ [ファイル－文書補助－ドキュメント検査]

　一太郎には、文書中に含まれる個人情報や、非表示になっている情報の有無を検査する「ドキュメント検査」という機能があります。ドキュメント検査を実行すると、こうした個人情報が見つかった場合は削除し、非表示の情報が見つかった場合は情報を表示できます。

● 文書に含まれる個人情報や隠れている情報を検査する

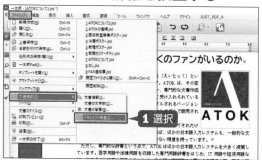

1 メニューの [ファイル－文書補助－ドキュメント検査] を選択します。

2 確認のメッセージが表示された場合は、はいをクリックします。

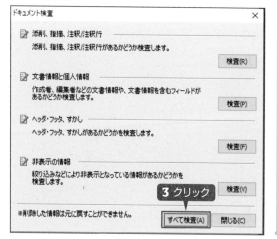

3 [ドキュメント検査] ダイアログボックスが開くので、検査したい項目の検査をクリックします。ここではすべて検査をクリックします。

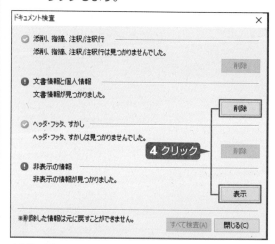

4 検査結果が表示されます。情報を削除する場合は削除、情報を表示する場合は表示をクリックします。

5 閉じるをクリックして検査を終了します。

010 シートの追加

関連するファイルをシートとして追加したい

メニュー▶[ファイル－シート－シートの追加]

　一太郎には「シート」という機能があり、一太郎のファイルやPDFファイルなどを追加することができます。追加した複数のシートは1つのファイルとして管理できます。ここでは、別の一太郎ファイルをシートに追加する方法を説明します。

● シートに別の一太郎ファイルを追加する

1 左下にあるシートタブの **+** をクリックします。

2 [シートの追加]を選択します。

3 [追加するシートの種類]で「一太郎文書」を選択します。

4 ファイルから をクリックします。

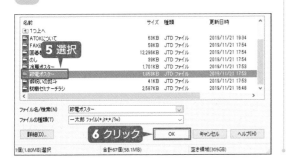

5 追加したい一太郎ファイルを選択します。

6 OK をクリックします。

7 一太郎ファイルがシートに追加されます。シート名にはファイル名が表示されます。

HINT Word形式やExcel形式のファイルも追加できる

同じ手順で、Word形式やExcel形式のファイルを追加することもできます。ただし、追加できるのはOffice 2013以前のバージョンで、最新バージョンのWord形式やExcel形式のファイルは追加できません。

MEMO

手順 **3** の[シートの追加]ダイアログボックスでシートの種類を指定し、新規をクリックすると、新規ファイルを追加できます。

011 シートの名前・タブ色変更
シートの名前・タブ色を設定したい

メニュー▶[ファイル－シート－シートの名前・タブ色変更]

文書内に同じシート名を複数設定したり、空白にすることはできません。また、「Sheet1」「Sheet2」「Sheet3」……のようなシート名の場合、シートを開かないと内容が分かりません。シートの内容を表す名前に変更したり、タブの色を変えると分かりやすくなります。

● シートの名前、タブ色を変更する

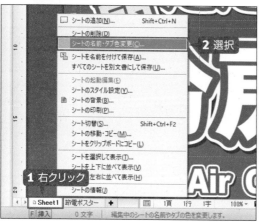

1 シートのタブを右クリックしてメニューを開きます。

2 [シートの名前・タブ色変更] を選択します。

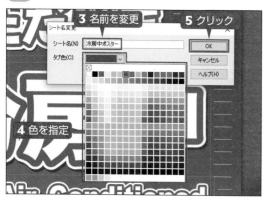

3 [シート名] で名前を変更します。

4 [タブ色] で色を指定します。

5 OK をクリックします。

6 シートの名前とタブ色が変更されます。なお、タブの表示は、シートを選択しているとき（左）と、別のシートが選択されているとき（右）で異なります。

HINT シートを削除する

シートを削除するには、タブを右クリックし、[シートの削除]を選択してください。なお、削除したシートは元に戻すことができないので、注意しましょう。

HINT シートタブの位置を変更する

シートタブの位置は変更できます。メニューの [表示－画面表示設定] を選択して [画面表示設定] ダイアログボックスを開き、[共通] タブの [シートタブ位置] で変更できます。

シートタブ位置を「左」にしました。

012　文書スタイル

文書スタイルを設定したい

メニュー ▶ [ファイル－文書スタイル－スタイル] [書式－文書スタイル] ／

　文書を作成するときは、用紙サイズや横組／縦組、余白など、文書全体に関するスタイル（文書スタイル）を設定し、仕上がりを確認しながら作成していきます。あとから変更することもできますが、最初にある程度設定してから文書作成を始めるとよいでしょう。

● 文書スタイルを設定する

1 ツールバーの [用紙や字数行数の設定（文書スタイル）] をクリックします。

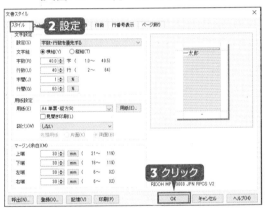

2 [文書スタイル] ダイアログボックスが開くので、各タブで設定します。[スタイル] タブでは用紙サイズ、行数・文字数、縦組／横組などを設定します。そのほかの設定は HINT を参照してください。

3 設定できたら、OK をクリックします。

 文書スタイルで設定できる内容

[フォント] タブ：文書全体で使用するフォントや文字サイズを設定します。

[ページ／ヘッダ・フッタ] タブ：ページ番号、ヘッダー・フッターのスタイルを設定できます。

➡ ヘッダー・フッターの設定は 60 ページへ

[体裁] タブ：禁則文字やジャスティフィケーションなどを設定できます。

[行番号表示] タブ：文書全体に表示する行番号を設定できます。

[ページ飾り] タブ：ページ全体を囲む囲み線、ページの背景色を設定できます。

013 縦組文書に変換

横書きの文書を縦組文書に変更したい

メニュー▶[ファイル−文書スタイル−縦組文書に変換]

途中で体裁を変えたり、人から受け取った横組文書を縦組に変えたりしたいときに便利なのが、横組の文書を縦組に変換する機能です。たんに縦組にするだけでなく、縦中横を設定したり、半角数字を漢数字に変換したりと、縦組文書に適したスタイルを設定できます。

● 横組文書を縦組に変換する

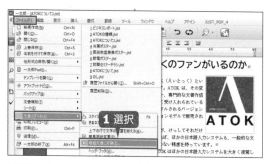

1 メニューの [ファイル−文書スタイル−縦組文書に変換] を選択します。

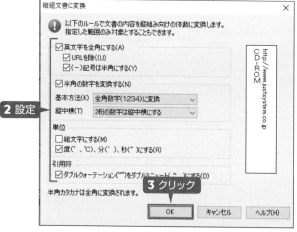

2 [縦組文書に変換] ダイアログボックスが開くので、各項目を設定します。

3 OK をクリックします。

4 用紙の向きを横方向に変更する場合は、はい をクリックします。

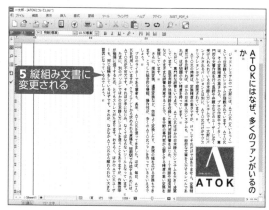

 縦組み文書に変更される

5 縦組文書に変換されます。

HINT 縦組文書に変換するルール

[縦組文書に変換] ダイアログボックスでは、次のような項目を設定できます。なお、半角カタカナは自動的に全角に変換されます。

・英文字を全角にする……半角の英文字を全角に変換します。URL などを変換の対象から除外することもできます。

・半角の数字を変換する……半角の数字を全角に変換できます。漢数字を指定したり、2桁の数字に縦中横を設定したりできます。

・単位……単位の文字を組文字に変換したり、「°」「℃」を「度」、「′」を「分」、「″」を「秒」に変換したりできます。

・引用符……ダブルクォーテーションをダブルミュートに変換できます。

014 印刷

文書を印刷したい

メニュー▶[ファイル−印刷]／

作成した文書は、さまざまな形式で印刷できます。設定した用紙サイズのまま印刷したり、1枚の用紙に複数ページ印刷したり、複数の部数印刷したいこともあるでしょう。印刷する文書によってダイアログボックスの設定も変化するので、文書に合わせたきめ細やかな印刷が可能です。

文書を印刷する

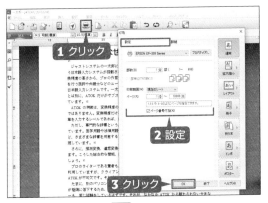

1 ツールバーの [印刷]をクリックします。

2 [印刷]ダイアログボックスが開くので、必要な設定を行います。詳細は HINT を参照してください。

3 OK をクリックすると、印刷が実行されます。

HINT [設定]タブと[詳細]タブ

[設定]タブでは、部数、印刷する範囲、印刷するページ数など、印刷に必要な基本的な項目を設定します。[詳細]タブでは、行間ラインの印刷や逆順印刷などの設定ができます。

HINT 通常印刷からポスター印刷まで

拡大縮小：文書を拡大・縮小印刷します。たとえば、A4の文書をB5の用紙に縮小印刷したり、B4の用紙に拡大印刷したりできます。

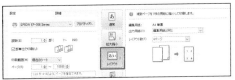

レイアウト：1枚の用紙に2ページ分や4ページ分を縮小してまとめて印刷します。

冊子：折って冊子になるように、用紙の表裏に2ページずつ印刷します。印刷する用紙と折り方などを設定します。

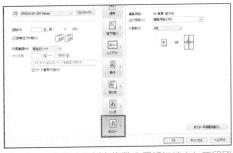

ポスター：1枚の用紙を複数の用紙に拡大して印刷します。印刷する用紙、分割数を設定します。

015 アウトプットナビ

文書をさまざまな形式で出力したい

メニュー▶［ファイル－アウトプットナビ］／

　作成した文書の出力をナビゲートする「アウトプットナビ」は、出力のイメージが分かりやすい図解で説明されています。通常とは異なる形式で印刷したり、メールに添付したり、小説投稿サイト向けの形式に保存したりと、目的に応じたさまざまな出力を支援する機能です。

● アウトプットナビで文書を出力する

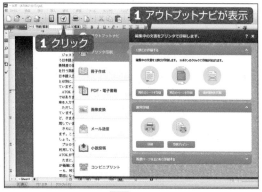

1 ツールバーの ［アウトプットナビ］をクリックします。

2 アウトプットナビが表示されます。主な内容は HINT を参照してください。

HINT アウトプットナビでできること

・冊子印刷……中とじ本や平とじ本を作成できる冊子印刷、折り本用の印刷を実行したり、印刷所に入稿するデータの形式を指定したりできます。

・PDF・電子書籍……PDF ファイルや電子書籍の形式で保存できます。

・小説投稿……小説投稿サイト向けの形式でファイルを保存します。

・コンビニプリント……コンビニエンスストアのプリントサービスに適した形式でファイルを保存します。

016 形式を選択して貼り付け
文字列の書式を引き継がずに貼り付けたい

メニュー▶[編集－形式を選択して貼り付け]／

文字をクリップボードにコピーすると、飾りや書式などの情報もコピーされます。このため、通常の貼り付けでは、コピー元と同じ状態で貼り付けられます。書式などは受け継ぎたくない場合は、「形式を選択して貼り付け」で、文字だけを貼り付けることができます。

● 文字の飾りや書式を解除して文字だけを貼り付ける

1 コピーする範囲を指定します。

2 ツールバーの [コピー（範囲先指定）] をクリックします。

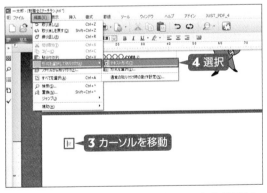

3 貼り付けたい位置にカーソルを移動します。

4 メニューの［編集－形式を選択して貼り付け－テキスト形式］を選択します。

5 書式や飾りが解除されて、文字だけが貼り付けられます。

HINT 形式を選択する

メニューの［編集－形式を選択して貼り付け－形式を選択］を選択すると、より詳細なデータ形式を指定して貼り付けることができます。また、画像の場合は枠の基準を指定することもできます。

017 ファイルから貼り付け

別のファイルの内容を挿入して1つの文書にまとめたい

メニュー▶[編集－ファイルから貼り付け]

　カーソル位置に、別の文書の内容を貼り付けることができます。現在の文書中で、別の文書の内容が必要になったとき、1つの文書にまとめたいときなどに利用します。なお、一太郎文書だけでなく、Wordなどの別アプリケーションのファイルを挿入することも可能です。

● カーソル位置に別のファイルを挿入する

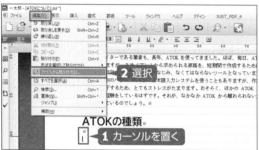

1 ファイルを貼り付けたい位置にカーソルを置きます。

2 メニューの[編集－ファイルから貼り付け]を選択します。

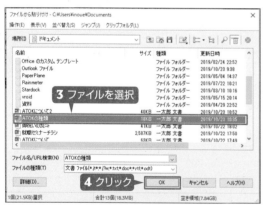

3 貼り付けるファイルを選択します。

4 OK をクリックします。

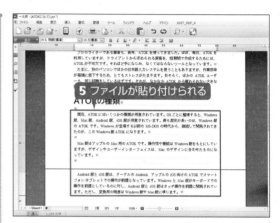

5 カーソル位置に選択したファイルの内容が貼り付けられます。

HINT WordやExcelのファイルも貼り付けられる

[ファイルの種類]では、「Wordファイル」「表計算ファイル」などを指定して、Wordファイルや Excel ファイルを指定して貼り付けることもできます。なお、その際にはファイルが一太郎の文書形式に変換されて挿入されます。ただし、ファイルによっては変換できない場合があるので注意してください。

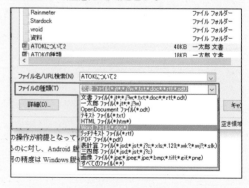

018 検索
特定の文字や飾りを検索したい

メニュー▶[編集－検索]／

　文書中から目的の文字を探す機能が「検索」です。文書中の該当する文字を次々と検索できます。大文字や小文字、ひらがなやカタカナといったあいまいな検索を行えるなど、さまざまな設定が可能です。また、スペースや改行マーク、飾りや機能を検索対象に設定することもできます。

● 文字を検索する

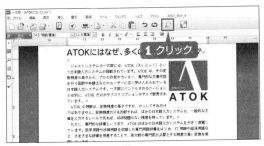

1 ツールバーの[検索ダイアログボックスを開く]をクリックします。

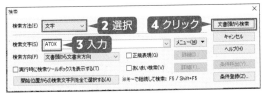

2 [検索]ダイアログボックスが開くので、[検索方法]で「文字」を選択します。

3 [検索文字]に検索したい文字を入力します。

4 文書頭から検索 をクリックします。

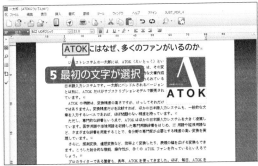

5 文書先頭から指定した文字が検索され、最初の文字が選択されます。

6 F5 キーで文書末方向、Shift + F5 キーで文書頭方向に続けて検索できます。

HINT　ジャンプパレットで検索する

ジャンプパレットを表示している場合は、[検索]タブで文字を検索することもできます。文字を入力して 検索 をクリックすると、該当する文字に黄色いマーカーが付き、ジャンプパレットに該当個所の一覧が表示されます。クリックすると、その位置に素早くジャンプできます。
※ [検索結果をクリア] をクリックすると、一覧やマーカーをクリアできます。

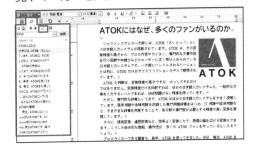

HINT　飾りを検索する

[検索]ダイアログボックスの[検索方法]で「飾り」を指定すると、アンダーラインや影文字などの、飾りを検索できます。

019 置換

文字列を別の文字列に置き換えたい

メニュー▶[編集－置換]／🔍

　指定した文字を別の文字に置き換えるのが「置換」です。文字列のほか、スペースや改行マークなどの記号や飾りなどを置換対象に設定できます。たとえば見出しに指定した文字サイズを別のサイズに置換したり、文字色を別の色に置き換えたりできます。

● 指定した文字を別の文字に置換する

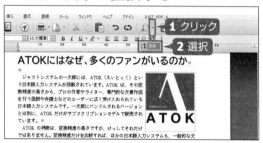

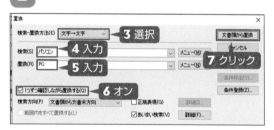

1 ツールバーの 🔍 [検索ダイアログボックスを開く]の右にある▼をクリックします。

2 メニューから[置換]を選択します。

3 [置換]ダイアログボックスが開くので、[検索・置換方法]で「文字→文字」を選択します。

4 [検索]に置換前の文字を入力します。

5 [置換]に置換後の文字を入力します。

6 [1つずつ確認しながら置換する]のチェックをオンにします。

7 文書頭から置換 をクリックします。

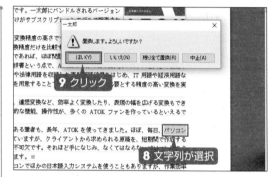

8 置換対象の文字が選択されます。

9 確認のメッセージが表示されるので はい をクリックします。

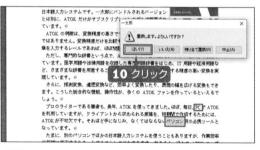

10 文字が置換されて、次の置換対象の文字が選択され、同じメッセージが表示されます。以下、同様に操作して置換を実行してください。

11 すべての文字が置換されたら、このメッセージが表示されます。いいえ をクリックして置換を終了します。

020 ジャンプ

目的の位置やページに素早くジャンプしたい

メニュー▶[編集－ジャンプ]

　ページ数の多い文書を編集しているときは、文書先頭や文書末、特定のページなどにさっと移動できると便利です。ジャンプ機能を使えば、カーソルを素早くジャンプして移動することができます。ここでは、文書先頭にジャンプする操作を説明します。

● カーソルを文書の先頭にジャンプする

1 メニューの［編集－ジャンプ－文書頭］を選択します。

2 カーソルが文書先頭にジャンプします。

ジャンプできる場所

ジャンプメニューを使うと、次の場所に素早くジャンプすることができます。

文書頭	文書先頭にジャンプする。
文書末	文書末尾にジャンプする。
前のページ	現在のページの前ページにジャンプする。
次のページ	現在のページの次ページにジャンプする。
ページの指定	ページを指定してジャンプする。
前位置	直前に編集していた位置にジャンプする。
ブックマーク	ブックマークの位置にジャンプする。

ジャンプのショートカットキー

次のショートカットキーを覚えておくと便利です。
- 文書頭……[Ctrl]＋[Home]キー
- 文書末……[Ctrl]＋[End]キー
- 前位置……[Ctrl]＋[:]キー

ジャンプパレットでジャンプする

ジャンプパレットを表示している場合は、［ページ］タブでページのサムネイルをクリックして、ページをジャンプできます。また、［見出し］タブや［ブックマーク］タブで、見出し、ブックマークの一覧を表示してジャンプすることもできます。

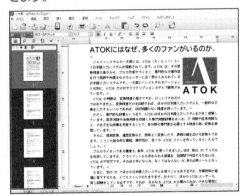

ジャンプパレットの［ページ］タブ。ページのサムネイルをクリックしてジャンプできます。

021 NEW! 文節改行

読みやすい位置で改行したい

メニュー ▶ [編集－補助－文節改行－設定]

文章の折り返し位置によっては、ことばの途中で改行され、意味が読み取りづらくなることがあります。行末の直前の文節で改行する「文節改行」は、教科書などでも読みやすさを追求する取り組みの一つとして採用されています。一太郎では、文節を自動で判別して改行できます。

● 読みやすい位置で 自動的に改行する

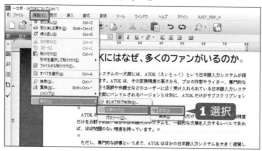

1 メニューの [編集－補助－文節改行－設定] を選択します。

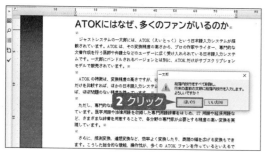

2 確認のメッセージが表示されたら はい を クリックします。

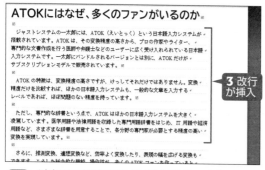

3 適切な文節に改行が自動的に挿入されます。

 指定した範囲だけ文節改行する

先に範囲指定して、[編集－補助－文節改行－設定] を選択すれば、選択した範囲にだけ文節改行を設定できます。

 文節改行を解除する

[編集－補助－文節改行－解除] を選択すると、文節改行を解除できます。先に範囲指定しておけば、その範囲だけ解除できます。なお、ここで削除されるのは「改行」で、下で説明している「改段」は削除されません。

 「改段」と「改行」

Enter キーを押すと挿入されるのは、段落と段落を区切る「改段」です。文書作成では、Enter キーを押して文章を入力していくことが多いでしょう。一方、「文節改行」で挿入されるのは「改行」です。1つの段落内で行を改める機能です。Shift + Ctrl + Enter キーを押すと挿入できます。「改段」と「改行」は記号も異なるので注意してください。

「改段」のマーク。通常はこちらを使って文章を作成することが多いでしょう。

「改行」のマーク。段落内での改行に利用します。

022 ドラフト編集／イメージ編集／印刷イメージ

編集画面タイプを切り替えたい

メニュー▶[表示−ドラフト編集／イメージ編集／印刷イメージ]

編集画面は、画面を簡略表示する「ドラフト編集」、文字の飾りや枠の状態などを表示する「イメージ編集」、印刷したときの状態を表示する「印刷イメージ画面」の３つのタイプが用意されています。作業の内容によって使い分けましょう。

● ドラフト編集に切り替える

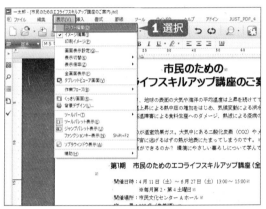

1 メニューの [表示−ドラフト編集] を選択します。

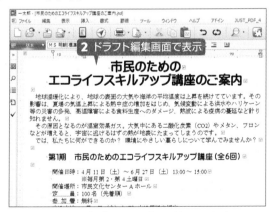

2 ドラフト編集画面に切り替わります。

MEMO

初期状態では、イメージ編集画面で表示されています。また、画面下の [編集画面タイプ切替]ボタンでも編集画面タイプを切り替えられます。

● 印刷イメージ画面に切り替える

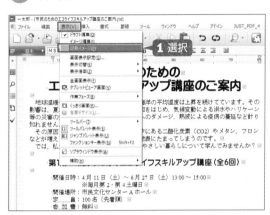

1 メニューの [表示−印刷イメージ] を選択します。

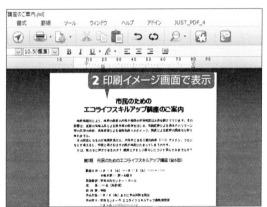

2 印刷イメージ画面に切り替わります。

MEMO

現在の作業フェーズによって選択できる編集画面タイプは異なります。「エディタフェーズ」「提出確認フェーズ」では編集画面タイプに切り替えることはできません。

023 NEW! ハイライト表示

カーソルがある行をハイライト表示したい

メニュー▶ [表示－表示切替－ハイライト表示]

　一太郎2020は、カーソル行のみを透過色でハイライト表示し、その前後の行をカバーして表示する「ハイライト表示」の機能が加わりました。余分な情報を排除して編集に集中したいときに利用しましょう。画面から目を離したときに、カーソル位置を見失うことも防げます。

● ハイライト表示にする

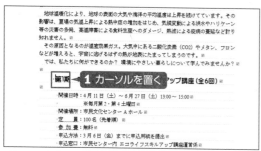

1 ハイライト表示したい行にカーソルを置きます。

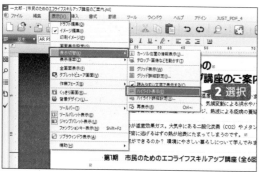

2 メニューの [表示－表示切替－ハイライト表示] を選択します。

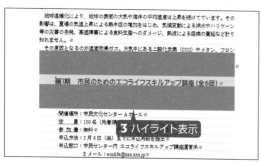

3 カーソルを置いた行がハイライト表示され、前後の3行がカバーされます。

● ハイライト表示の詳細を設定する

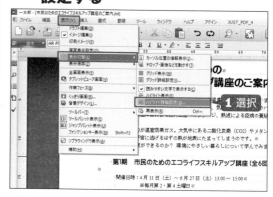

1 メニューの [表示－表示切替－ハイライト表示詳細設定] を選択します。

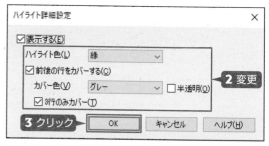

2 [ハイライト詳細設定] ダイアログボックスが開くので、[ハイライト色] [カバー色]の色を変更します。

3 OK をクリックします。

MEMO

[半透明] のチェックをオンにすると、カバーを半透明にできます。また、[3行のみカバー]のチェックをオフにすると、カーソルを置いた行のみを表示し、それ以外をすべてカバーできます。

024 表示倍率

画面の表示倍率を変更したい

メニュー▶[表示－表示倍率]

画面の表示倍率は、自由に変更できます。作業内容に応じて、表示倍率を変更しましょう。文字サイズが小さくて入力・編集作業がしづらかったり、細かい操作をしたりするときは拡大表示し、全体を見て仕上がりを確認したい場合は縮小表示するというように切り替えると効率的です。

● 表示倍率を変更する

1 メニューの［表示－表示倍率］で倍率を選択します。ここでは「150%」を選択します。

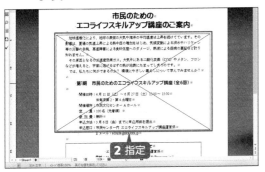

2 表示する範囲を指定します。

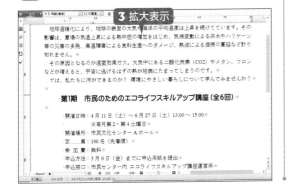

3 選択して倍率で、指定した範囲が拡大表示されます。

HINT 画面下のボタンで表示倍率を変更する

画面下の 100%▼ ［倍率表示］ボタンをクリックして、メニューから表示倍率を変えることもできます。または、ズームコントローラーのスライダーをドラッグするか、■または■をクリックします。■をクリックすると 10%ずつ縮小表示されます。■をクリックすると 10%ずつ拡大表示されます。

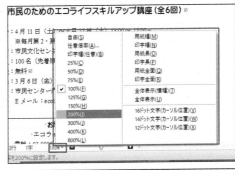

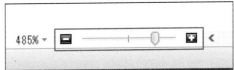

025 全画面表示／見開き表示

文書を全画面や見開きで表示したい

メニュー▶ [表示－全画面表示] ／ [表示－表示倍率－見開き表示]

ノートパソコンなどで、編集領域が狭く感じることがあります。できるだけ広く表示したいときは全画面表示に切り替え、パソコンの画面いっぱいに表示しましょう。また、冊子の作成などで、見開きの状態を確認しながら作業したいときは、見開き表示に切り替えるとよいでしょう。

● 全画面表示にする

1 メニューの [表示－全画面表示] を選択します。

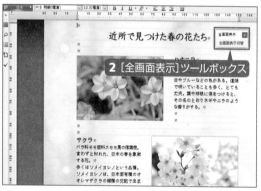

2 パソコン画面いっぱいに表示され、[全画面表示] ツールボックスが表示されます。

MEMO

全画面表示では、タイトルバーやメニューバーは表示されません。全画面表示を終了するには、[全画面表示]ツールボックスの[全画面表示切替]をクリックします。

● 見開き表示にする

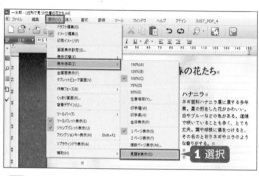

1 メニューの [表示－表示倍率－見開き表示] を選択します。

2 見開き表示に変更されました。画面の倍率は、2ページ分がひとつの画面内に収まるように自動的に調整されます。

MEMO

横組文書の場合は左綴じのため1ページ目は右に、縦組文書の場合は右綴じのため1ページ目は左に表示されます。先頭のページから2ページ分の表示にしたいときは、メニューの [表示－表示倍率－2ページ表示]を選択してください。

026 作業フェーズ

作業に応じた画面にしたい

メニュー▶[表示－作業フェーズ]

「基本編集」フェーズのほかに、「エディタ」「アウトライン」「提出確認」「ビューア」といった作業フェーズが用意されています。テキスト入力に集中したいとき、アイデアを整理したいときなど、目的と編集内容に合わせて切り替えて利用しましょう。

● エディタフェーズに切り替える

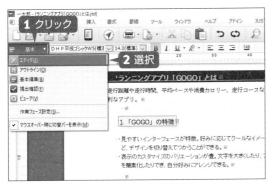

1 コマンドバーの [作業フェーズの変更] ボタンをクリックします。

2 表示されるメニューの [エディタ] を選択します。

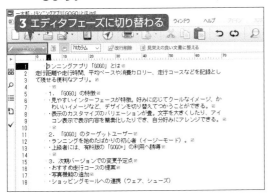

3 エディタフェーズに切り替わります。

MEMO

エディタフェーズは、テキスト文書の編集に適した作業フェーズです。テキストデータを整えたり、入力に集中したりしたいときに利用しましょう。

● アウトラインフェーズに切り替える

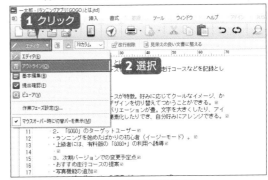

1 コマンドバーの [作業フェーズの変更] ボタンをクリックします。

2 表示されるメニューの [アウトライン] を選択します。

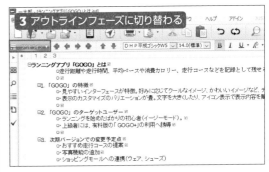

3 アウトラインフェーズに切り替わります。

MEMO

アウトラインフェーズでは、段落を階層化して表示できます。文書の構成を階層的にとらえながら作業したいときや、階層に応じた段落スタイルを設定したいときなどに利用すると便利です。

027 ツールパレットを閉じる・開く／表示・非表示
ツールパレットの表示を切り替えたい

メニュー▶ [表示－ツールパレット表示]

　文書の作成や編集に便利なツールパレットは、1クリックで開いたり閉じたりできます。また、表示／非表示を切り替えられます。文書全体を見ながら、より広い画面で編集したいときは、ツールパレットを非表示にしましょう。広い画面で効率良く作業できます。

● ツールパレットを閉じる／開く

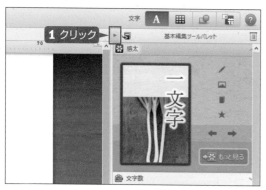

1 ツールパレット上部の ▶ [ツールパレットを閉じる]ボタンをクリックします。

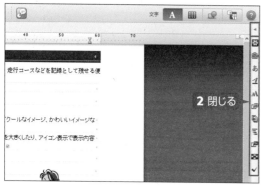

2 ツールパレットが閉じます。◀ [ツールパレットを開く]ボタンをクリックすると再び開きます。

MEMO

ツールパレットを閉じると、[ツールパレットを開く] ボタンの下に、[パレットを開く] ボタンが表示されます。このボタンをクリックすると、クリックしたパレットが開いた状態でツールパレットが開きます。

● ツールパレットの表示／非表示を切り替える

1 メニューの [表示－ツールパレット表示]を選択します。

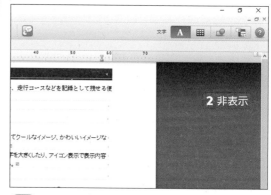

2 ツールパレットが非表示になります。再度[表示－ツールパレット表示] を選択すると、表示されます。

 HINT ツールパレットの種類が切り替わる

通常の文字入力モードでは、「基本編集ツールパレット」が表示されます。罫線モードに切り替えると「罫線ツールパレット」、作図モードでは「作図ツールパレット」に、自動的に切り替わります。

028 ツールバーのカスタマイズ
ツールバーに自分のよく使う機能を追加したい

メニュー▶ [表示－ツールバー－カスタマイズ]

　保存や開く、印刷など、よく利用する機能は、ツールバーにコマンドのアイコンが表示されており、クリック操作で簡単に実行できるようになっています。ツールバーはカスタマイズできます。よく使う機能がある場合、ツールバーにコマンドを追加しておくと便利です。

● ツールバーにコマンドを追加する

1 メニューの [表示－ツールバー－カスタマイズ] を選択します。

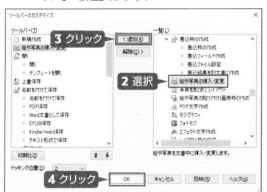

2 右側の [一覧] で追加したいコマンドを選択します。

3 [追加] をクリックします。

4 [OK] をクリックします。

5 コマンドが追加されます。

● コマンドの表示位置を変更する

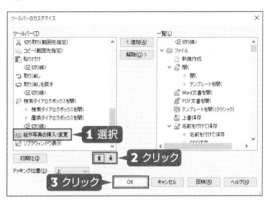

1 左段の手順 **2** で、表示位置を変更したいコマンドを[ツールバー] から選択します。

2 ↑ または ↓ をクリックして、表示したい位置を指定します。

3 [OK] をクリックします。

4 表示位置が変更されました。

 アイコンの大きさを変更する

ツールバーのアイコンの大きさを変更するには [表示－ツールバー] で [アイコンサイズ大] または [アイコンサイズ小] を選択します。

029 ジャンプパレットを閉じる・開く／表示・非表示

ジャンプパレットの表示を切り替えたい

メニュー ▶ [表示－ジャンプパレット表示]

　文書内を素早く移動するのに便利なジャンプパレットは、1クリックで開いたり閉じたりできます。単ページの文章を編集するときや文書を大きく表示して編集したいときは、ジャンプパレットを閉じておきましょう。また、表示／非表示を切り替えられます。

● ジャンプパレットを 閉じる／開く

1 ジャンプパレット上部の ◀ [ジャンプパレットを閉じる]ボタンをクリックします。

2 ジャンプパレットが閉じます。▶ [ジャンプパレットを開く]ボタンをクリックすると再び開きます。

MEMO

ジャンプパレットを閉じると、[ジャンプパレットを開く]ボタンの下に、[パレットを開く]ボタンが表示されます。[パレットを開く]ボタンをクリックすると、クリックしたパレットが開いた状態でジャンプパレットが開きます。

● ジャンプパレットの 表示／非表示を切り替える

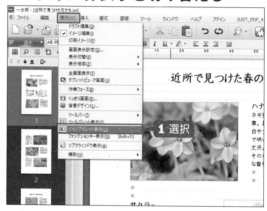

1 メニューの[表示－ジャンプパレット表示]を選択します。

2 ジャンプパレットが非表示になります。再度[表示－ジャンプパレット表示]を選択すると、表示されます。

030 脚注

文書を補足する脚注を入れたい

メニュー▶[挿入－脚注/割注/注釈]／ツールパレット▶[文書編集]パレット

　本文の補足や注意、説明などの文章を入力したいときは、脚注の機能を利用しましょう。本文中に「*1」のように脚注番号が挿入され、本文の下に脚注を入力する「脚注エリア」が用意されます。本文中に挿入される脚注番号の数字の種類や、脚注の本文を表示する位置は変更も可能です。

● 脚注を挿入する

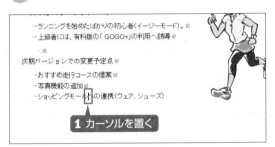

1 脚注を挿入したい位置にカーソルを置きます。

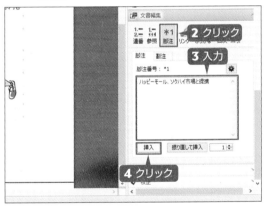

2 [文書編集] パレットの脚注をクリックします。

3 脚注の文章を入力します。

4 挿入をクリックします。

MEMO

手順 **4** で振り直して挿入をクリックすると、文書の途中で脚注番号を「1」から振り直したり、脚注番号を任意の数字から始めたりすることができます。

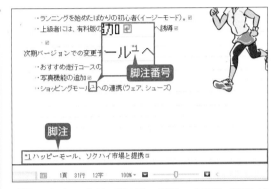

5 文中に脚注番号が、脚注エリアに脚注が挿入されます。

MEMO

脚注番号を範囲指定して Delete キーを押すと、脚注を削除できます。

HINT 脚注番号の数字の種類や脚注の本文を表示する位置を変更する

左段の手順 **3** で [脚注オプション] をクリックすると、[脚注オプション] ダイアログボックスが開き、脚注番号の数字の種類や脚注の本文を表示する位置などを変更できます。

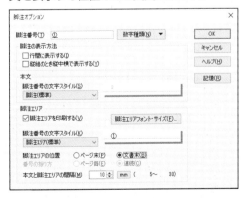

031 連番

「1.」「2.」「3.」などの通し番号を入れたい

メニュー▶[挿入－連番]／ツールパレット▶[文書編集]パレット

　行頭に通し番号を入れたいときは、連番機能を利用しましょう。連番を入力した文章を改行すると、自動的に続きの番号が挿入されます。数字の手入力と異なり、誤って同じ番号を入力してしまうといったことはありません。「第1章」「①」のように、連番の書式も選択できます。

● 連番を挿入する

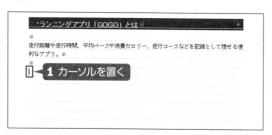

1 連番を挿入したい位置にカーソルを置きます。

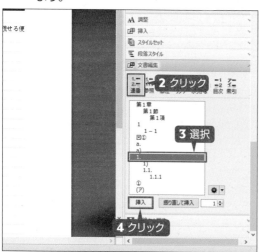

2 [文書編集] パレットの 連番 をクリックします。

3 連番の書式を選択します。

4 挿入 をクリックします。

MEMO

❀ [連番詳細設定]をクリックすると、一覧にない連番の書式を作成できます。

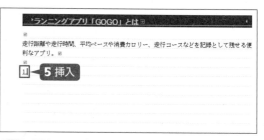

5 選択した書式の連番が挿入されます。

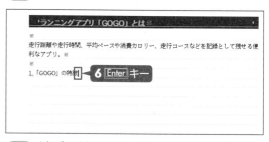

6 連番に続けて文字を入力し、Enter キーを押します。

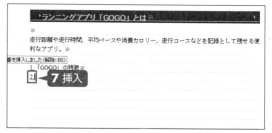

7 改行され、自動で連番が挿入されます。

MEMO

連番の挿入直後に BackSpace キーを押すと、連番を解除できます。

複数の段落にあとから連番を設定する

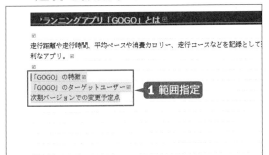

1 連番を挿入したい段落を範囲指定します。

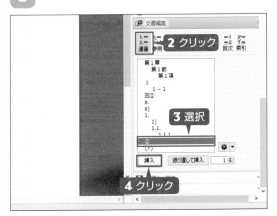

2 [文書編集] パレットの連番をクリックします。

3 挿入したい書式を選択します。

4 挿入をクリックします。

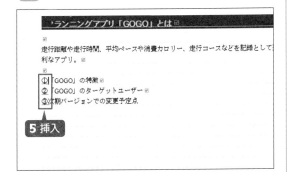

5 連番が挿入されます。

連番を振り直す

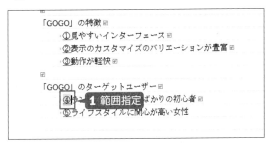

1 振り直したい連番を範囲指定します。

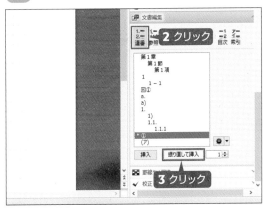

2 [文書編集] パレットの連番をクリックします。

3 振り直して挿入をクリックします。

> **MEMO**
>
> 任意の数字から連番を振り直したいときは、振り直して挿入の右の数値ボックスで値を変更します。

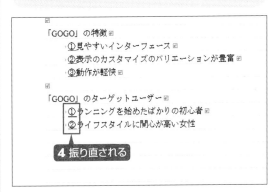

4 連番が振り直されます。

032 重ね文字

㊞や㊟などの重ね文字を作成したい

メニュー▶[挿入-記号/リーダ/スペース]／ツールパレット▶[文字]パレット

㊞や㊟のように、○や□の図形で文字を囲む重ね文字を作成できます。記号として用意されていない21以上の丸数字を使いたいときも重ね文字を利用すれば入力できます。文字サイズをそろえる基準は、「外の文字」(記号)か「中の文字」(図形内の文字)から選ぶことができます。

● 重ね文字を作成する

1 重ね文字を挿入したい位置にカーソルを置きます。

2 [文字]パレットの文字をクリックします。

3 [重ね文字]タブをクリックします。

4 囲む記号、中の文字、サイズ基準を選択します。

5 挿入をクリックします。

MEMO

一覧にない任意の文字を入力して指定することもできます。

6 重ね文字が挿入されます。

MEMO

重ね文字を解除したいときは、重ね文字を範囲指定し、[重ね文字]タブで解除をクリックします。解除後は、重ね文字の中の文字だけ残ります。

21以上の丸数字を作成する

①②などの丸数字は、ATOKの通常の変換操作で㊿まで入力できますが、21以上は環境依存文字となります。重ね文字の機能を使って、○の記号と数字を組み合わせることで、21以上の丸数字を作成できます。ただし、重ね文字の中の文字は全角1文字または半角3文字以内なので、999を超える丸数字は作成できません。

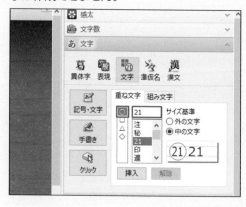

033　ブックマーク
ブックマークを登録してページを移動したい

メニュー▶[挿入－ブックマーク－カーソル位置をブックマークに追加する]

ブックマークは、本のしおりのような機能です。しおりを挟んだページをさっと開くように、ブックマークを設定した文書内の特定の位置に、さっとジャンプできます。ブックマークは複数設定でき、ハイパーリンクの飛び先として利用することも可能です。

● ブックマークを追加する

1 ブックマークを設定したい位置にカーソルを置きます。

2 ジャンプパレットを表示し、[ブックマーク]をクリックします。

3 [ブックマークを追加]をクリックします。
➡ ジャンプパレットの表示方法は 36 ページへ

4 ブックマークが追加されます。

MEMO
作成したブックマークを右クリックして[ブックマークの削除]を選択すると、ブックマークを削除できます。

● ブックマークにジャンプする

1 ジャンプパレットの[ブックマーク]でジャンプしたいブックマークをクリックします。

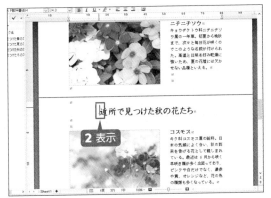

2 カーソルがジャンプし、ブックマークした位置が画面の中央に表示されます。

HINT　ブックマークをハイパーリンクとして挿入する

作成したブックマークを右クリックして[ハイパーリンクとして挿入]を選択すると開くダイアログボックスで、ブックマークを選択して[OK]をクリックすると、ブックマーク名を文字列としたハイパーリンクを挿入できます。

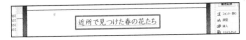

034 写真をまとめてレイアウト
複数の写真をきれいにレイアウトして挿入したい

メニュー▶[挿入-絵や写真-写真をまとめてレイアウト]／ツールパレット▶[挿入]パレット

複数の写真をまとめて文書に挿入したいときは、「写真をまとめてレイアウト」の機能を使うと便利です。写真とテンプレートを選択するだけで、文書内に写真を手早くきれいにレイアウトできます。並べる写真の順番を入れ替えたり、テンプレートを変更したりできます。

● 写真をまとめてレイアウトする

1 写真をまとめてレイアウトしたいページにカーソルを置きます。

2 [挿入]パレットの まとめて をクリックします。

3 [写真をまとめてレイアウト]ダイアログボックスと[絵や写真]ダイアログボックスが並んで表示されます。[絵や写真]ダイアログボックスで、レイアウトしたい写真を選択します。

4 追加をクリックします。

5 一覧に写真が追加されます。

6 手順 3 4 の操作を繰り返し、すべての写真を追加します。

7 写真を並べる をクリックします。

8 [写真をまとめてレイアウト]ダイアログボックスの[テンプレート]タブで、使いたいテンプレートを選択します。

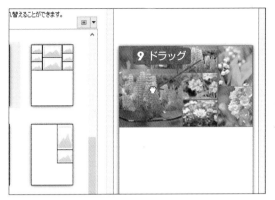

9　写真の並び順を入れ替えたい場合は、写真をドラッグします。

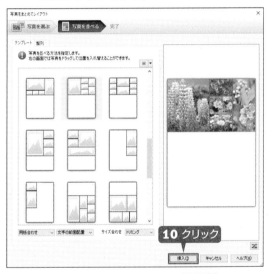

10　写真の並べ方が決まったら 挿入 をクリックします。

11　写真がまとめて貼り付けられます。

ファイルサイズの大きい、解像度の高い写真をたくさん貼ると、編集・表示が遅くなったり、写真が正しく印刷できなかったりすることがあります。
➡画像のデータサイズを小さくする方法は46ページへ

HINT　方向・枚数を指定して並べる

［写真をまとめてレイアウト］ダイアログボックスの［整列］タブでは、写真の最大枚数と列数（横方向に並べる枚数）を設定し、写真を並べて文書内に貼り付けられます。

035 限定 絵や写真の挿入
イラストや写真を挿入したい

メニュー▶[挿入−絵や写真−絵や写真の挿入]／ツールパレット▶[挿入]パレット

一太郎にあらかじめ用意されているイラストや写真、背景画像を挿入すると、凝ったビジュアルの文書を作成できます。また、一太郎 2020 には 35 周年記念コンテンツ「昭和・平成・令和 時をかけるイラスト 70」が搭載されています。自分史や学級新聞、掲示物などで活用できます。

イラストや写真を挿入する

1 イラストや写真を挿入したい位置にカーソルを置きます。

2 [挿入]パレットの 絵や写真 をクリックします。

3 [イラスト]タブでカテゴリを選択します。

4 挿入したいイラストを選択します。

5 挿入 をクリックします。

MEMO

手持ちのイラストや写真を挿入したいときは、[フォルダーから]タブに切り替えて、挿入したいファイルを選択します。

6 イラストが挿入されます。四隅のハンドルをドラッグして、必要に応じてイラストの大きさを変更します。

HINT 35周年記念コンテンツの イラストを挿入する 限定

手順 **3** で[時をかける]カテゴリを選択すると、「昭和・平成・令和 時をかけるイラスト 70」のイラストの一覧が表示されます。昭和から令和にかけての出来事を表したイラストがそろっています。

036 写真フィルター
写真に効果を付けたい

ツールパレット ▶ [画像枠の操作]パレット(枠操作ツールパレット)

「写真フィルター」の機能を利用すると、「白黒」「セピア」のほか、写真の趣を変える「薄もや」「夕さり」、ミニチュア写真のように見せる「ジオラマ」など、14種類の効果を付けられます。文書の内容やイメージに応じて、写真をアレンジしてみましょう。

● 写真に効果を付ける

1 選択　2 切り替わる

1 効果を付けたい写真を選択します。

2 基本編集ツールパレットから、枠操作ツールパレットに自動的に切り替わります。

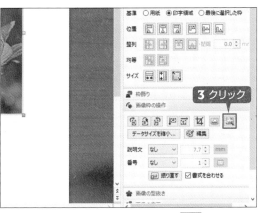

3 クリック

3 [画像枠の操作]パレットの[写真フィルター]をクリックします。

MEMO

画像を右クリックし、[写真フィルター]を選択する方法もあります。

4 選択　5 クリック

4 [写真フィルター]ダイアログボックスが開いて効果の一覧が表示されるので、かけたい効果のフィルターを選択します。

5 OK をクリックします。

6 適用

6 写真に効果が適用されます。

写真を型抜きする

[画像の型抜き]パレットでは、型で写真を切り抜くことができます。写真にフィルターで効果を付けて、さらに型抜きする、といった使い方ができます。

037 画像のデータサイズを縮小

画像のデータサイズを小さくしたい

メニュー▶[挿入-絵や写真-画像のデータサイズを縮小]／ツールパレット▶[画像枠の操作]パレット(枠操作ツールパレット)

　デジタルカメラで撮った写真など、画像のデータサイズが大きい場合には、画像枠の画像の解像度（dpi）を低くして、データサイズを小さくすることができます。文書内に複数の写真を挿入して、ファイルサイズが大きくなるときは、データサイズを小さくしてみましょう。

● 画像のデータサイズを縮小する

1 選択　**2** 切り替わる

1 データサイズを縮小したい写真を選択します。

2 基本編集ツールパレットから、枠操作ツールパレットに自動的に切り替わります。

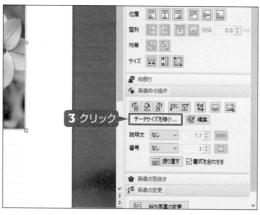

3 クリック

3 [画像枠の操作]パレットの データサイズを縮小 をクリックします。

> **MEMO**
>
> 画像を右クリックし、[画像のデータサイズを縮小]を選択する方法もあります。

4 選択　**5** クリック

4 [画像のデータサイズを縮小]ダイアログボックスが開くので、[設定解像度]で解像度を選択します。

5 OK をクリックすると、データサイズが縮小されます。

> **MEMO**
>
> 解像度(dpi)とは、画像の印刷品質を表す単位のことです。解像度が大きいほど画像の画質は良くなりますが、その分データサイズが大きくなります。解像度が小さいほど画像の画質は粗くなりますが、その分データサイズを小さくできます。

> **MEMO**
>
> 画像が粗くならない程度に解像度を小さくすれば、見た目の印象を損なわずにデータサイズを節約できます。なお、解像度を小さくしても画像枠のサイズは変わりません。

038　POP文字

POP文字でタイトル文字を作成したい

メニュー▶[挿入−タイトル文字− POP文字]／ツールパレット▶[挿入]パレット

　商品のポップや掲示物、学級新聞など、目を引きたいタイトル文字の作成には、POP文字を利用するとよいでしょう。文字にフチ取りや影などの効果を付けられます。POP文字はオブジェクト枠として貼り付けられるので、移動やサイズ変更も簡単です。

● POP文字を作成する

1 POP 文字を挿入したい位置にカーソルを置きます。

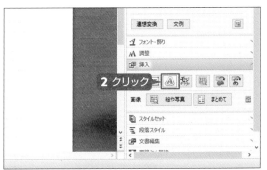

2 [挿入]パレットの [A] [POP 文字を作成]をクリックします。

3 POP 文字パレットが表示され、POP 文字の枠が作成されるので、POP 文字パレットの入力欄にタイトル文字を入力します。

4 サンプルの一覧から好みのデザインを選択します。

5 終了 をクリックします。

> **MEMO**
>
> POP 文字パレットの [設定]タブに切り替えると、文字色や効果の組み合わせを自由に変更できます。

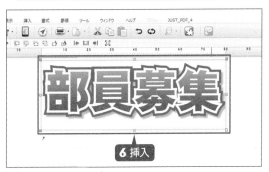

6 POP 文字が挿入されます。四隅のハンドルをドラッグして、必要に応じて大きさを変更します。

> **MEMO**
>
> POP 文字の枠をダブルクリックすると POP 文字パレットが表示され、POP 文字を再編集できます。

039 モジグラフィ

グラフィカルなタイトル文字を作成したい

メニュー ▶ [挿入−タイトル文字−モジグラフィ] ／ツールパレット ▶ [挿入]パレット

　ゆらぎや流れ、傾きなどの動きを付けたグラフィカルなタイトル文字を作成したいときは、モジグラフィを利用しましょう。モジグラフィの文字は、1文字ずつ図形として挿入されるので、あとから色や塗り方、透明度、サイズ、回転角度、位置をアレンジできます。

● モジグラフィで文字を作成する

1 モジグラフィの文字を挿入したい位置にカーソルを置きます。

2 [挿入]パレットの **モジ グラフィ** [モジグラフィ]をクリックします。

3 [1行目][2行目]に、モジグラフィにしたい文字をそれぞれ20文字以内で入力します。

4 サンプルの一覧から好みのデザインを選択します。

5 OK をクリックします。

> MEMO
>
> [フォント]のドロップダウンリストで、フォントの種類や塗りつぶしの色を変更することもできます。

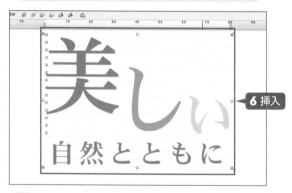

6 モジグラフィの文字が挿入されます。四隅のハンドルをドラッグして、必要に応じて大きさを変更します。

➡ 花子2020で「モジグラフィ」を利用する方法は154ページへ

 モジグラフィの文字の操作

Shift キーを押したまま四隅のハンドルをドラッグすると、縦横比を保ったまま拡大・縮小できます。また、モジグラフィ全体の選択状態をいったん解除すると、1文字ずつばらばらの図形データとなります。文字全体を移動したり、拡大縮小したりして調整したいときは、Ctrl キーを押しながら、文字を1つずつクリックして選択し、合成しておくと便利です。

040 レイアウト枠

文書内にスタイルの異なる文章を入れたい

メニュー▶[挿入−レイアウト枠−作成]／ツールパレット▶[挿入]パレット

文書内の一部のスタイルだけ縦書きにしたり、新聞や雑誌のような複雑なレイアウトの文書を作成したりしたいときは、文章を入れるレイアウト枠を作成しましょう。レイアウト枠ごとにスタイルを設定できるので、**自由度の高いレイアウトを実現できます。**

● レイアウト枠を作成する

1 レイアウト枠を挿入したい位置にカーソルを置き、[挿入] パレットの 🏢 [レイアウト枠 (縦組)] または 🖼 [レイアウト枠 (横組)] をクリックします。

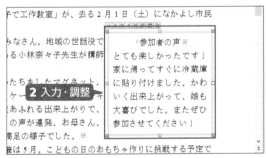

2 レイアウト枠が作成されるので、文字を入力して位置や大きさを調整します。

メニューからレイアウト枠を挿入する

レイアウト枠はカーソルがある位置に挿入されます。最初に挿入されるサイズや大きさは指定できません。メニューの [挿入−レイアウト枠−作成] からレイアウト枠を作成する場合は、[レイアウト枠の作成] ダイアログボックスで枠の基準や枠のまわりの余白を調整した上で、始点から終点までドラッグすることでレイアウト枠のサイズや位置も指定できます。

● レイアウト枠に枠飾りを付ける

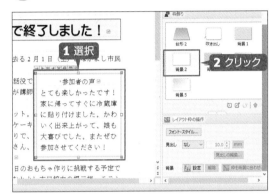

1 レイアウト枠の枠線をクリックし、レイアウト枠を選択します。

2 基本編集ツールパレットから、枠操作ツールパレットに自動的に切り替わったら、[枠飾り] パレットの一覧の中から適用したい枠飾りをクリックします。

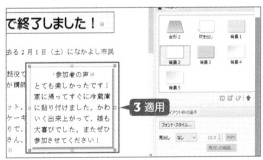

3 枠飾りが適用されます。

MEMO

[レイアウト枠の操作] パレットの 🏢 設定 をクリックすると、レイアウト枠に背景画像を適用できます。

041 きまるフレーム

きまるフレームで整った枠を挿入したい

メニュー▶[挿入−きまるフレーム]／ツールパレット▶[挿入]パレット

　ミニコラムや告知、日程表など定番の記載内容（フレーム）を簡単に挿入したいときは、「きまるフレーム」を利用すると便利です。あらかじめ登録されたフレームを呼び出し、必要に応じて文字を変更するだけで、見やすい文書を作成できます。

● きまるフレームを挿入する

1 きまるフレームを挿入したい位置にカーソルを置きます。

2 [挿入]パレットの [きまるフレーム]をクリックします。

MEMO

「きまるフレーム」とは、文書によく使われる定番の記載内容（フレーム）を文書に呼び出せる機能です。「コラム」「告知」「申し込み」などの8つの用途別に、およそ200のフレームが用意されています。より伝えたい情報が際立つようあらかじめレイアウトされているので、上手に利用しましょう。
なお、フレームとは、文章、画像枠、レイアウト枠、表、簡易作図の図形などのデータの一つ一つ、またはその組み合わせのことを指します。

3 [きまるフレーム]ダイアログボックスが開くので、カテゴリを選択します。

4 挿入したいフレームを選択します。

5 挿入 をクリックします。

6 きまるフレームが挿入されます。

7 日付など文字を変更して、必要に応じて位置も調整します。

きまるフレームを登録する

1 登録したい枠を文書内に作成したら、[挿入] パレットの  [きまるフレーム] をクリックします。

> **MEMO**
>
> 登録したい枠の選択は解除しておきます。枠操作ツールパレットが表示されている場合は、枠の選択を解除して、基本編集ツールパレットに切り替えてください。

2 登録したい枠の枠線をクリックして、枠を選択します。

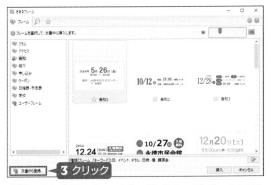

3 [きまるフレーム] ダイアログボックスに戻り、[文書から登録] をクリックします。

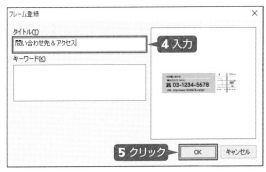

4 フレームのタイトルを入力します。

5 [OK] をクリックします。

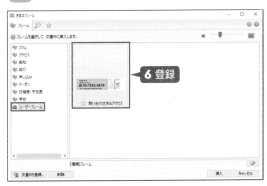

6 ユーザーフレームのカテゴリにフレームが登録されます。

登録したフレームを挿入する

1 [きまるフレーム] ダイアログボックスで登録したフレームを選択し、[挿入] をクリックすると、ほかの文書でも利用できます。

042 簡易作図

長方形や円などの図形を描きたい

メニュー▶［挿入－作図－簡易作図開始］／

　直線・長方形・円などの簡単な図形を描く簡易作図機能が用意されています。文書内にちょっとした図形を入れたいときに利用しましょう。通常の文字入力モードから、簡易作図モードに切り替えて描きます。

● 図形を描く

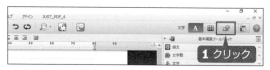

1 ツールバーの ［簡易作図開始 / 終了］をクリックします。

2 簡易作図モードになり、作図ツールパレットに切り替わります。作画したい図形（ここでは □ ［長方形］）を選択します。

3 ［線］タブで線の種類や太さ、色を選択します。

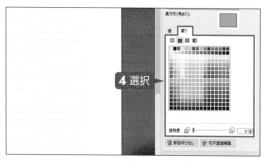

4 ［塗り］タブで塗り方と色を選択します。

線や軌跡、矢印など、線で囲まれていない図形は塗りの設定ができません。

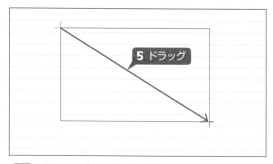

5 ドラッグして図形を描きます。

6 図形が描画されます。

テンプレート図形を利用する

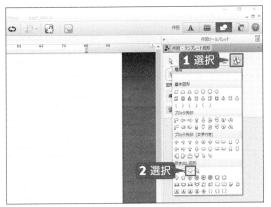

1 作図ツールパレットで、 [テンプレート図形] を選択します。

2 描画したい図形 (ここでは [楕円吹き出し]) を選択します。

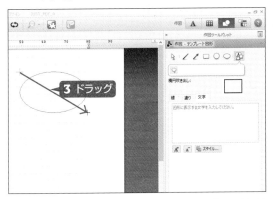

3 線や塗りの設定をしたらドラッグして楕円の部分を描き、マウスのボタンを離します。

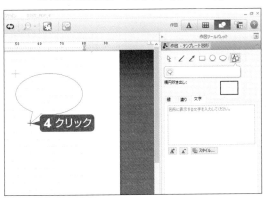

4 マウスを動かし、吹き出しの角の頂点にしたい位置でクリックします。

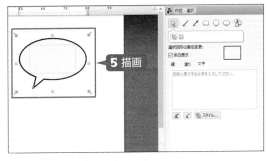

5 図形が描画されます。

6 [文字] タブの入力欄に、吹き出しの中に表示したい文字を入力します。

7 [文字を大きく] を複数回クリックして、文字サイズを大きくします。

MEMO

[文字を大きく]または [文字を小さく]をクリックすると、クリックするたびに文字サイズを大きくしたり小さくしたりできます。

MEMO

簡易作図モードを終了するには、ツールバーの [簡易作図開始 / 終了] を再度クリックするか、 [文字入力] をクリックします。

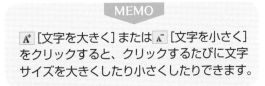

043 枠の上下変更

枠の重なり順を変更したい

メニュー▶ [挿入－枠の操作・上下－枠の上下変更－最も前面へ移動～文字の背面へ移動]

　レイアウト枠や画像枠は、新しく作成したものが上に表示されるようになっています。この枠の上下の重なりは変更できます。最初に作成した枠を一番上に表示したい、というようなときは、重なり順を変えましょう。また、枠を文書内の文字の背面に配置することもできます。

枠を1つ下（上）に移動する

1　枠を1つ下（または1つ上）に移動したい枠の枠線をクリックし、選択します。

2　コマンドバーに枠操作のアイコンが表示されるので、　　［1つ背面へ移動］（または　　［1つ前面へ移動］）をクリックします。

3　枠が1つ背面（または1つ前面）に移動します。

MEMO

枠が重なっている場合、枠の基準が同じものに対して、その中での上下位置を変更できます。[枠の基準] が [文字] の枠は上下関係を変更できません。また、[枠の基準] が [固定] の枠は、[行] の枠より常に上に配置されます。

枠を最も下（上）に移動する

1　枠を最も下（または最も上）に移動したい枠の枠線をクリックし、選択します。

2　コマンドバーの　　［最も背面へ移動］（または　　［最も前面へ移動］）をクリックします。

3　枠が最も背面（または最も前面）に移動します。

MEMO

前面の枠で隠された背面の枠を選択したい場合は、前面の枠を背面に移動し、隠れた枠が見えるようにします。

枠を文字の背面に移動する

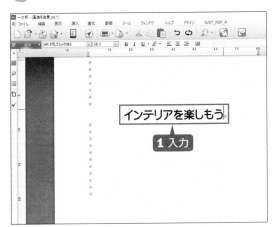

1 文字を入力します。

2 入力した文字の前面に、画像枠を挿入します。

3 画像枠が選択された状態で、コマンドバーの [文字の背面へ移動] をクリックします。

4 枠が文字の背面に表示されます。

044 文字サイズ

文字サイズを変更したい

メニュー▶［書式−文字サイズ−大きく／小さく］／ 10.5(標準) ∨ ／ツールパレット▶［調整］パレット

　文字のサイズは、画面右の基本編集ツールパレットの［調整］パレットや、画面上部のコマンドバーで変更できます。［調整］パレットでは、画面上で文字サイズを確認しながら少しずつサイズを変えられます。コマンドバーでは、文字サイズを数値で指定できます。

● 文字サイズを少しずつ変更する

1 サイズを変えたい文字を範囲指定します。

2 ［調整］パレットの［サイズ］の A⁺［文字サイズ大きく］または、A⁻［文字サイズ小さく］をクリックします。クリックするたびに、文字サイズが少しずつ大きくなったり小さくなったりします。

> **MEMO**
>
> 元の文字サイズに戻したいときは、A⁺[文字サイズ解除]をクリックします。

● 文字サイズを数値で指定する

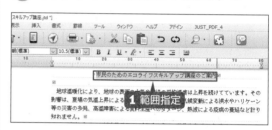

1 サイズを変えたい文字を範囲指定します。

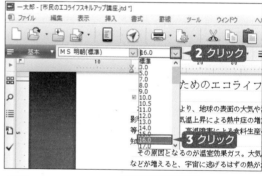

2 コマンドバーの 10.5(標準) ∨ ［文字サイズポイント切替］の ∨ をクリックします。

3 表示されるサイズの一覧で、各サイズにマウスポインターを合わせると、範囲指定した文字列が、そのサイズのイメージで表示されます。クリックすると文字サイズが変更されます。

> **MEMO**
>
> 一覧にない文字サイズに変更したいときは、10.5(標準) ∨ ［文字サイズポイント切替］に直接数値を入力します。また、右側の ∨ をクリックし、表示される一覧から［標準］を選択すると、元の文字サイズに戻せます。

045 限定 フォント・飾り

フォントや文字飾りを設定したい

メニュー▶[書式－フォント・飾り－設定][書式－文字飾り] ／ツールパレット▶[フォント・飾り]パレット

タイトルや見出しの文字に変化を付けたいときなどは、フォントを変更したり文字飾りを設定したりしてみましょう。一太郎2020には、35周年記念フォント「モリサワフォント26書体」が搭載されており、読みやすいフォント、味わいのあるフォントなどを利用できます。

● フォントを変更する

1 フォントを変えたい文字を範囲指定します。

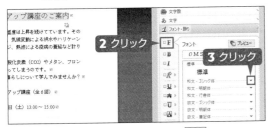

2 [フォント・飾り] パレットの ▢**F** [フォント]をクリックします。

3 フォントのグループの右にある ✔ をクリックします。

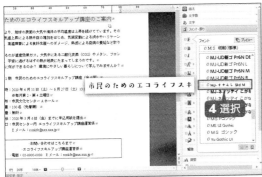

4 フォントの一覧が表示されるので、設定したいフォントを選択します。

※表示されるフォントは、お使いのパソコンの環境によって異なります。

● 文字飾りを設定する

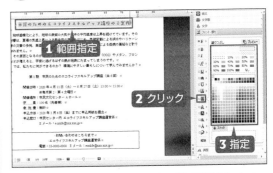

1 飾りを設定したい文字を範囲指定します。

2 [フォント・飾り] パレットで設定したい項目のアイコン(ここでは ▢▨ [塗りつぶし])をクリックします。

3 設定したい塗りつぶしの種類や色を指定します。

4 文字飾り(ここでは塗りつぶし)が設定されます。

飾りの設定をストックできる

[フォント・飾り] パレットで ⬇ストック をクリックすると、現在の飾りの設定が保存され、クリック操作で別の文字に同じ設定ができるようになります。また、 解除 をクリックすると、文字飾りの設定を解除できます。

046 ベース位置
文字の上下の位置をそろえたい

メニュー ▶ [書式－フォント・飾り－設定] [書式－段落属性－設定] ／ツールパレット ▶ [調整] パレット

　文字をそろえる基準となるベース位置には、行下／行中／行上（縦組の場合は行の左／中／右）があります。文書全体に同じベース位置が設定されていますが、段落や文字単位での変更も可能です。ここでは、同じ段落内にあるサイズの違う文字のベース位置を変更する方法を紹介します。

● 段落のベース位置を変更する

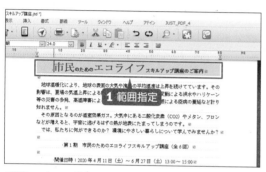

1 ベース位置を変更したい段落を範囲指定します。

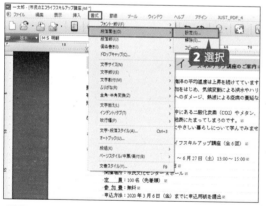

2 メニューの [書式－段落属性－設定] を選択します。

---MEMO---

範囲指定した文字を右クリックし、[段落属性]を選択してもかまいません。

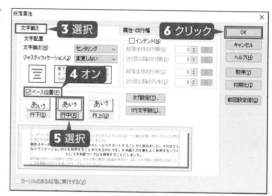

3 [文字揃え] タブを選択します。

4 [ベース位置] のチェックをオンにします。

5 ベース位置を選択します。ここでは [行中] を選択しています。

6 OK をクリックします。

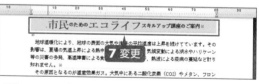

7 ベース位置が変更されます。

 HINT 文字ごとにベース位置の シフト量を変更する

文字列を範囲指定して、[調整] パレットの [位置] の ▲ [文字を上にずらす] または ▼ [文字を下にずらす] をクリックすると、ベース位置からのシフト量を 10%ずつ変更できます。 ▲ [ベースシフト解除] をクリックすると、設定を解除できます。

047 個条書き

個条書きを設定したい

メニュー▶ [書式－個条書き－文字記号／画像記号／段落番号]

個々の項目に分けて書き並べる個条書きでは、文書の先頭に「●」や「・」などの記号、「1.」や「(ア)」などの番号を入れます。個条書きの機能を利用すれば、段落の先頭に記号や番号を簡単に挿入できます。個条書きを設定した段落で改行すると、自動的に記号や番号が挿入されます。

● あとから個条書きを設定する

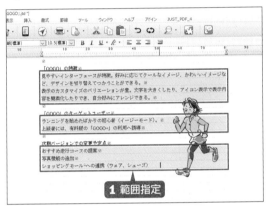

1 範囲指定

1 個条書きにしたい段落を範囲指定します。

MEMO

Ctrl キーを押しながら行の左側をドラッグすると、離れた段落も一度に範囲指定できます。

2 いずれかを選択

2 メニューの [書式－個条書き－文字記号] を選択し、表示される一覧の中から設定したいスタイルを選択します。

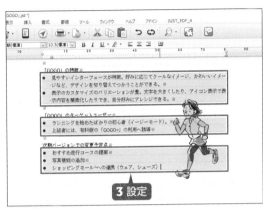

3 設定

3 個条書きが設定されます。

MEMO

手順 **2** で、[画像記号]や [段落番号]を選ぶと、画像記号や番号の種類を選択できます。

HINT 個条書きのスタイルの
設定内容を確認しながら設定する

[書式－個条書き－設定] を選択すると開く [個条書き] ダイアログボックスでは、右側のビジュアルガイダンスに簡略表示される設定内容を確認しながら個条書きのスタイルを選択することができます。

048 ヘッダー・フッター

文書にヘッダー・フッターを設定したい

メニュー ▶ [ファイル−文書スタイル−ヘッダ・フッタ]

　文書のマージン（余白）部分に作成者名やファイル名などの文字列を入力し、全ページに反映して印刷する機能をヘッダー・フッターと呼びます。上のマージンに入れるのがヘッダーで、下のマージンに入れるのがフッターです。

● ヘッダーとフッターを入れる

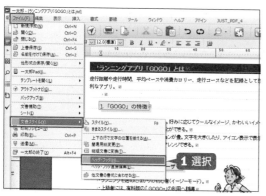

1 メニューの[ファイル−文書スタイル−ヘッダ・フッタ]を選択します。

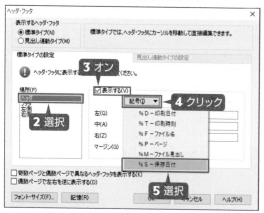

2 [場所]で[ヘッダ]を選択します。

3 [表示する]のチェックをオンにします。

4 ヘッダーを表示したい位置のテキストボックス内にカーソルを置き、[記号]をクリックします。

5 ヘッダーにしたい項目を選択します。

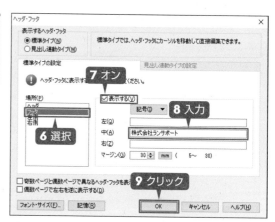

6 [場所]で[フッタ]を選択します。

7 [表示する]のチェックをオンにします。

8 フッターを表示したい位置のテキストボックス内に文字を入力します。

9 [OK]をクリックします。

MEMO

会社名や作成者名など任意の文字を入れたいときは、文字を入力します。

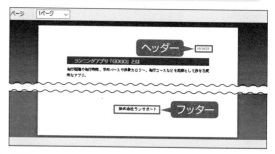

10 メニューの[ファイル−印刷プレビュー]を選択すると、ヘッダーとフッターが設定されたことを確認できます。

049 ドロップキャップ

段落や章の先頭の文字を大きくしたい

メニュー▶[書式－ドロップキャップ]

段落や章の先頭の文字を何行かにまたがるように拡大して強調する機能が「ドロップキャップ」です。雑誌などの誌面でドロップキャップのデザインを見ることもあります。ドロップキャップを使って文書にデザイン性を持たせ、センス良く仕上げましょう。

● ドロップキャップを設定する

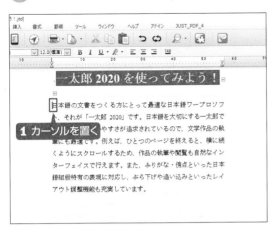

1 先頭文字を大きくしたい段落内にカーソルを置きます。

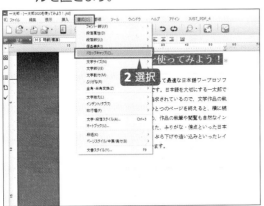

2 メニューの[書式－ドロップキャップ]を選択します。

MEMO
ふりがなや文字割付、連番の文字、スペース、タブなどはドロップキャップの対象となりません。

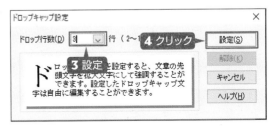

3 [ドロップ行数]で何行分にまたがる文字に拡大するかを設定します。

4 [設定]をクリックします。

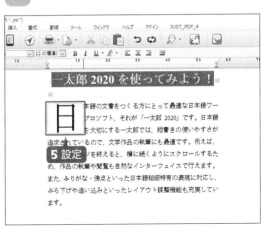

5 ドロップキャップが設定され、先頭文字が大きくなります。

MEMO
ドロップキャップを解除するには、ドロップキャップを設定した段落内にカーソルを置き、メニューの[書式－ドロップキャップ]を選択して、[ドロップキャップ設定]ダイアログボックスの[解除]をクリックします。

050 均等割付

文字を均等に割り付けたい

メニュー ▶ [書式－文字割付－均等割付] ／ツールパレット ▶ [調整]パレット

個条書きや表の中で異なる文字数の文字を同じ幅にそろえたいときは、「均等割付」の機能を利用しましょう。スペースの挿入や字間の調整で文字をきれいにそろえられない場合も、均等割付を利用すると、指定する範囲内に文字を均等に配置できます。

● 均等割付を設定する

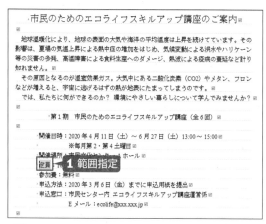

1 均等割付したい文字を範囲指定します。

2 [調整] パレットの [字間] の [均等割付] をクリックします。

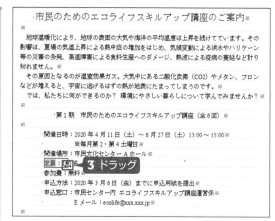

3 均等割付を設定したい範囲まで、文字の右側に表示された■マークをドラッグします。

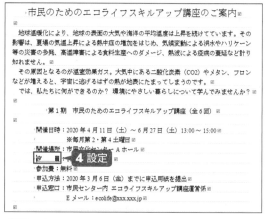

4 均等割付が設定され、指定した範囲内に文字が均等に配置されます。

> **MEMO**
>
> 均等割付が設定された文字を範囲指定し、[調整] パレットの [均等割付解除] をクリックすると、均等割付を解除できます。

051 ふりがな

ふりがなを設定したい

メニュー▶[書式-ふりがな-1単語の設定/変更]　／ツールパレット▶[文書編集]パレット

読みが難しい漢字や特定の単語に、ふりがなをふることができます。ふりがなを付ける位置やふりがなの文字サイズの設定もできます。ふりがなを設定する対象として小学校の学年ごとの学習レベルに応じたふりがなをふることも可能で、ターゲットに合わせた文書を作成できます。

特定の単語にふりがなをふる

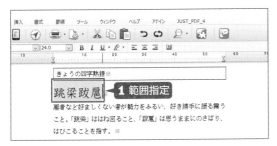

① ふりがなをふりたい単語を範囲指定します。

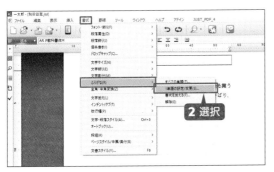

② メニューの[書式-ふりがな-1単語の設定/変更]を選択します。

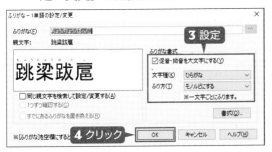

③ 文字種やふり方などの書式を設定します。

④ OK をクリックします。

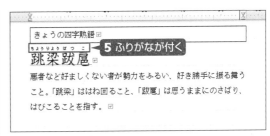

⑤ ふりがながふられます。

HINT 学習レベルに応じてふりがなをふる

メニューの[書式-ふりがな-すべての単語]を選択すると、[ふりがな-すべての単語]ダイアログボックスが開きます。ここで、学年別漢字配当 をクリックすると、ふりがなをふる漢字の対象を指定できます。

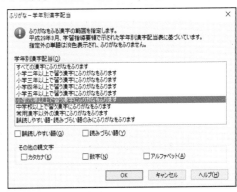

MEMO

段落など、文書の一部を範囲指定した状態で[書式-ふりがな-すべての単語]を選択すると、範囲指定した部分がふりがな設定の対象になります。

052 UP↗ ふりがな

誤読しやすい語にまとめてふりがなをふりたい

メニュー▶[書式－ふりがな－すべての単語]

文書内のすべての単語に一括してふりがなを設定できます。学年別や、常用漢字以外を対象とするほか、一太郎2020では「完遂」(かんすい)、「過ち」(あやまち)のように、常用漢字でも読み間違いやすい語や、一般的に使われるものの読みにくい語にもふりがなを設定できます。

● 誤読しやすい語にも　ふりがなをふる

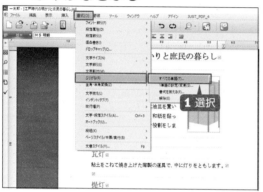

1 メニューの [書式－ふりがな－すべての単語] を選択します。

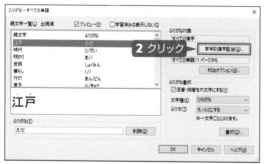

2 [学年別漢字配当] をクリックします。

MEMO

次の手順 3 の [学年別漢字配当] で [誤読しやすい語・読みづらい語のみにふりがなをふります] を選択すると、誤読しやすい語、または読みづらい語のみにふりがなをふることができます。

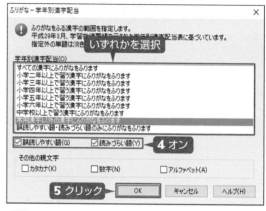

3 [学年別漢字配当] でふりがなをふる漢字の範囲を選択します。

4 [誤読しやすい語] または [読みづらい語] または両方のチェックをオンにします。

5 OK をクリックします。[ふりがな－すべての単語] ダイアログボックスに戻ったら OK をクリックします。

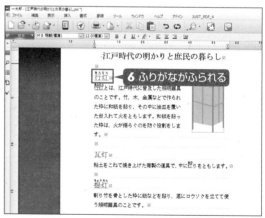

6 選択した範囲に加え、誤読しやすい語や読みづらい語、またはその両方にもふりがながふられます。

053　全角・半角変換

文字を全角または半角に変換したい

メニュー▶ [書式－全角・半角変換－全角に変換／半角に変換]

「ATOK」（全角）を「ATOK」（半角）のように、指定した範囲内の文字を全角から半角に変換したり、逆に半角から全角に変換したりできます。文書中で表記が混在しているときなどにさっと統一できます。カタカナや数字だけを全角や半角に統一することもできます。

文字を全角または半角にする

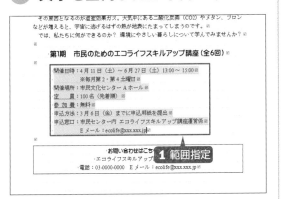

1 全角または半角にしたい文字を範囲指定します。

MEMO

文書内すべての文字を対象にしたい場合は、範囲指定せずに手順 **2** の操作に進んでください（HINT 参照）。

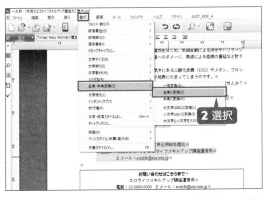

2 メニューの [書式－全角・半角変換] で [全角に変換] または [半角に変換] を選択します。ここでは [全角に変換] を選択します。

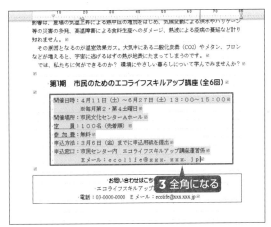

3 指定した範囲内の文字が半角または全角（ここでは全角）になります。

HINT　文書中のすべてのカタカナや数字を全角・半角にする

範囲指定せずに、メニューの [書式－全角・半角変換－一括変換] を選択すると、[全角・半角変換] ダイアログボックスが開きます。ここで、英文字や数字、カタカナなど、全角・半角にする対象の文字種を選択したり、特定の文字だけ変換の対象外に指定したりして、文書内の文字を一括で全角・半角に変換することもできます。

書式

054 縦中横

縦書き文書で横向いた半角数字を縦向きにしたい

メニュー ▶［書式－文字割付－縦中横／縦中横一括設定］／ツールパレット ▶［調整］パレット

縦書きの文書では、半角で数字やアルファベットを入力すると、横向きで表示されてしまいます。「縦中横」の機能を使えば、横向きで表示された半角数字を縦向きにできます。文書中の半角英数字に対し、一括で縦中横の設定を実行することも可能です。

● 任意の文字列に縦中横を設定する

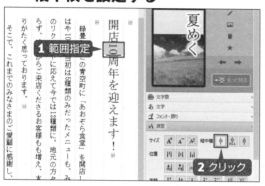

1 縦中横を設定したい文字列を範囲指定します。

2 ［調整］パレットの［縦中横］の [縦中横] をクリックします。

MEMO

縦中横のアイコンは、横組み文書の編集画面では表示されません。

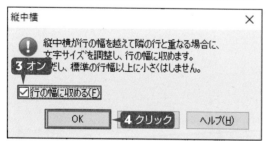

3 ［縦中横］ダイアログボックスが開くので、文字の幅を調整して行の幅に収まるようにしたいときは［行の幅に収める］のチェックをオンにします。

4 OK をクリックします。

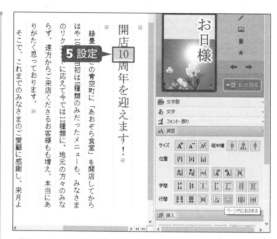

5 縦中横が設定されます。

HINT 一括で縦中横を設定する

縦中横にしたい文字を含むように範囲指定し、［調整］パレットの [縦中横一括設定] をクリックすると、[縦中横一括設定] ダイアログボックスが開きます。ここで、対象文字や対象文字数などを指定し、一括で縦中横を設定することもできます。

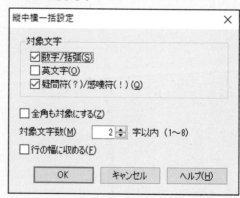

055 文字揃え／インデント
文字を中央や右にそろえたりインデントを設定したりしたい

メニュー▶[書式－文字揃え][書式－インデント/タブ] ／ 三 三 三 ／ ツールパレット▶[調整]パレット

　文字は通常左寄せで入力されます。タイトルは行の中央に入れたい、日付や署名などは行の右端に入れたいといったときには、文字揃えを設定します。また、少し行頭を下げたいときにはインデントを設定しましょう。

文字揃えを設定する

1 文字揃えを設定したい行にカーソルを置きます。

2 [調整]パレットの[位置]の 三 [センタリング]をクリックします。

3 文字が行の中央にそろいます。

> **MEMO**
> 三 [左寄せ]で行の左に、三 [右寄せ]で行の右にそろいます。また、画面上部のコマンドバーにもアイコンが用意されています。

インデントを設定する

1 インデントを設定したい行にカーソルを置きます。

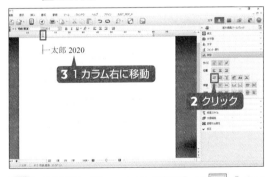

2 [調整]パレットの[位置]の 諸 [インデント1カラム右へ]をクリックします。

3 半角1文字分右に移動します。

> **MEMO**
> クリックするごとに半角1文字分ずつ右へ移動できます。諸 [インデント1カラム左へ]で少しずつ左に、諸 [インデント解除]で解除できます。

056 改行幅／行取り

行と行の幅を調整したい

メニュー▶[書式-改行幅-広く／せまく][書式-改行幅-行取り] ／ツールパレット▶[調整]パレット

行間を広くしたり狭くしたりできます。ページからあふれる数行をページ内に収めたいときや、文字サイズを小さくした段落の行間を狭くしたいときなどに便利です。また、文中の見出しを本文の何行分取るかを設定する「行取り」機能もあります。

● 改行幅を調整する

1 行間を調整したい行の範囲を指定します。

2 [調整] パレットの [行間] の ≡↑ [改行幅広く] をクリックします。

3 行間が少し広がります。クリックするごとに、さらに行間を広げることができます。

MEMO

≡↓ [改行幅せまく] をクリックすると、行間が狭くなります。≡ [改行幅解除] で解除できます。

● 行取りを設定する

1 行取りを設定したい行を範囲指定し、メニューの [書式-改行幅-行取り] を選択します。

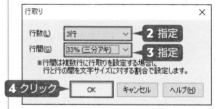

2 [行数] を指定します。[3 行] と指定すると、本文 3 行分の中央に配置されます。

3 [行間] を指定します。

4 OK をクリックします。

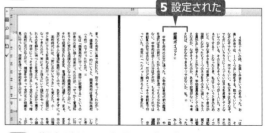

5 指定どおりの行取りが設定できます。

057 段組

文章を指定した段数に分けて配置したい

メニュー▶[書式−段組−設定]

1行の文字数が長くなりすぎると、文章が読みづらくなります。そんなときは、「段組」を設定して読みやすくしましょう。2段組から9段組までの設定が可能です。カーソル位置以降に段組が設定されるので、文書全体のほか、文書内の一部に段組を設定することができます。

● 段組を設定する

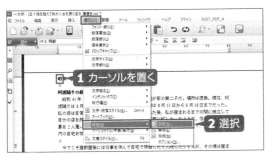

1 段組を開始したい行にカーソルを置きます。

2 メニューの[書式−段組−設定]を選択します。

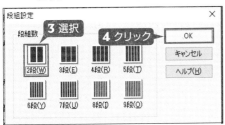

3 [段組数]で[2段]を選択します。

4 OKをクリックします。

5 カーソル位置以降の行に段組が設定されます。

● 段の途中で改段する

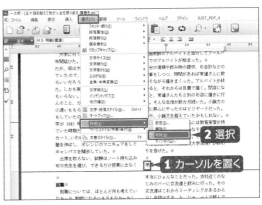

1 段の途中から次の段に文字を送りたいときは、送りたい文字の前にカーソルを置きます。

2 メニューの[書式−段組−改段]を選択します。

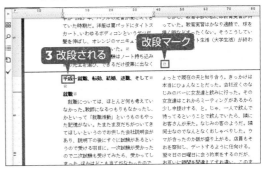

3 改段されます。

MEMO

[書式−段組−オプション]を選択すると、段間の幅や段間に罫線を入れるかどうかなどを設定できます。

058　段落スタイル／スタイルセット

段落スタイルを設定してスタイルセットを設定したい

メニュー▶[書式-文字・段落スタイル]／ツールパレット▶[段落スタイル]パレット／[スタイルセット]パレット

タイトルや項目の任意の1つに段落スタイルを設定すると、ほかの見出しはワンクリックで同じ飾りを付けることができます。また、段落スタイルを設定しておけば、用意されているスタイルセットを反映させて文書全体を統一感のあるデザインに仕上げることができます。

● 段落スタイルを設定する

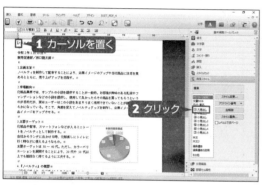

1 段落スタイルを設定したい行にカーソルを置きます。

2 [段落スタイル]パレットの[大見出し]をクリックします。

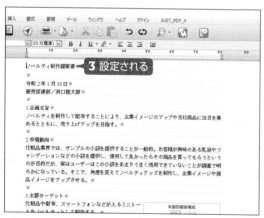

3 カーソルのある段落に[大見出し]の段落スタイルが設定されます。

MEMO

同じようにして、中見出しや日付・署名なども設定します。

● スタイルセットで　デザインを設定する

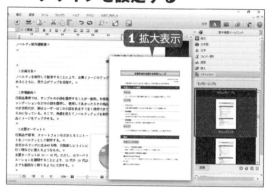

1 [スタイルセット]パレットのデザインの上にマウスポインターを重ねると、拡大表示してデザインを確認できます。

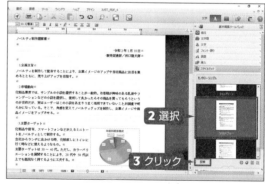

2 使いたいデザインを選択します。ここでは、[コバルトブルー]を選択しています。

3 反映 をクリックします。

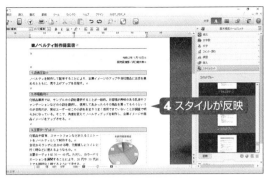

 スタイルセットで選択したデザインが、
文書に設定されました。

(HINT) **スタイルセット名のみを
表示する**

初期設定では、サムネイルの上にマウスポイ
ンターを重ねると拡大表示してデザインを確
認できるようになっていますが、田 をクリッ
クすると、スタイルセット名のみを表示するこ
とができます。スタイルセット名のみの表示に
すると、一度にたくさんのスタイルセット名を
確認できます。

スタイルセットのスタイルを
調整する

1 変更したいレベルが設定された段落に
カーソルを置きます。

2 [段落スタイル]パレットの スタイル変更
をクリックします。

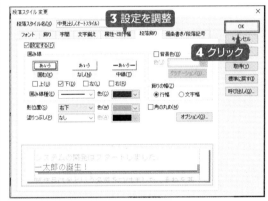

3 [段落スタイル変更] ダイアログボックス
が開くので、設定を調整します。[フォント]
タブではフォントの種類や文字サイズが、
[飾り] タブでは文字色などが、[段落飾
り] タブでは囲み罫などが変更できます。

4 設定できたら、 OK をクリックします。

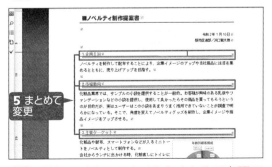

5 同じレベルのスタイルをまとめて変更で
きます。

059 ページスタイル

特定のページだけスタイルを変えたい

メニュー ▶ [書式－ページスタイル/中扉/奥付－ページスタイルの設定]

　ページスタイルを使うと、特定のページだけ別の文書スタイルに変えることができます。A4縦置きの文書の中にA4横置きの添付資料のページを作ったり、表紙ページだけページ囲みの飾りを付けたりするときなどに便利です。

● 特定の範囲にページスタイルを設定する

1 ページスタイルを設定したい範囲を指定します。

2 メニューの [書式－ページスタイル/中扉/奥付－ページスタイルの設定] を選択します。

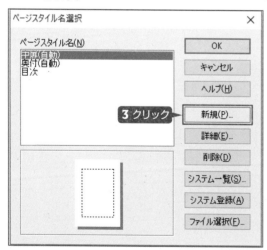

3 新規をクリックします。

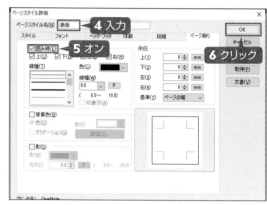

4 [ページスタイル名] にページスタイルの名前を入力します。

5 [ページ飾り] タブで [囲み線] のチェックをオンにします。[スタイル] [フォント] [ヘッダ・フッタ] [体裁] の各タブも適宜設定します。

6 OK をクリックします。[ページスタイル名選択] ダイアログボックスに戻るので OK をクリックします。

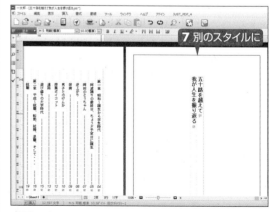

7 指定したこのページのみ、違うスタイルを設定することができました。

060 罫線

罫線で直線を引きたい

メニュー▶[罫線−罫線]　／　⊞　／ツールパレット▶[罫線]パレット（罫線モード）

　文書に垂直や水平の直線や四角の枠（矩形）を描くなど、自由自在に罫線を引くことができます。罫線を組み合わせて表を作成することも可能です。罫線は、通常の文字入力モードから、線を描くための罫線モードに切り替えます。まずは、直線を引く方法を紹介します。

● 罫線モードで直線を描く

1 ツールバーの ⊞ ［罫線開始／終了］をクリックします。

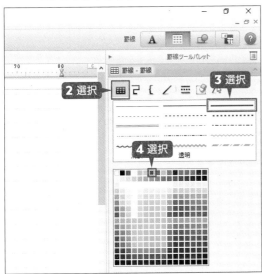

2 罫線モードになり、罫線ツールパレットに自動的に切り替わります。［罫線］パレットの ⊞ ［罫線］を選択します。

3 線の種類を選択します。

4 線の色を選択します。

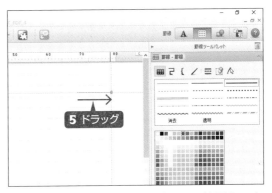

5 編集画面上で、線を引きたい位置をマウスでドラッグします。

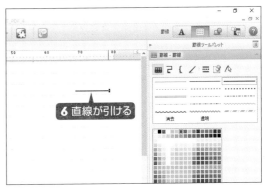

6 マウスボタンを離すと、直線を引けます。

MEMO

［罫線］パレットの ☑ ［罫線消去］で罫線を消去できます。選択する［罫線の消去方法］によって、消去できる個所が異なります。

MEMO

ツールバーの A ［文字入力］をクリックすると罫線モードを終了し、文字入力モードに戻ります。

061 罫線

罫線で表を作成したい

メニュー▶[罫線－罫線] ／ 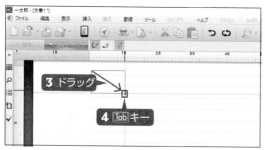 ／ツールパレット▶[罫線]パレット(罫線モード)

罫線機能を利用すれば、手軽に表を作成できます。直線を引くのと同じ要領で斜め方向にドラッグすると四角形が描け、四角形を描くときに [Tab] キーを使えば複数の行や列のある表にできます。直線と同様、線の種類や色も自由に設定できます。

● 罫線モードで表を作成する

1 直線と同様に、ツールバーの ⊞ [罫線開始／終了]をクリックして罫線モードにします（73ページ参照）。

2 [罫線]パレットの ⊞ [罫線]を選択し、線の種類と色を選択します。

3 斜め方向にマウスをドラッグします。

4 マウスボタンを押したまま [Tab] キーを押します。

MEMO

[Tab] キーを押さずにマウスボタンを離すと、斜めの線を対角線とする四角形が描けます。

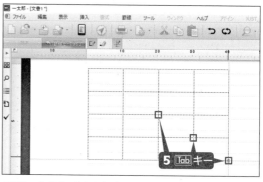

5 さらに右下方向にドラッグし、作りたい行数・列数に合わせて [Tab] キーを押していきます。

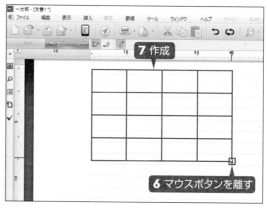

6 終了位置でマウスボタンを離します。

7 罫線表が作成されます。
➡ 罫線表を一覧から選んで作成する方法は78ページへ

062 斜線

斜線を引きたい

メニュー▶[罫線-斜線] ／ ⊞ ／ツールパレット▶[罫線]パレット(罫線モード)

　罫線機能では、水平・垂直の線のほか、斜線も引けます。斜線の始点や終点に矢印を付けることもできるので、文書内の位置を矢印で示したいときなどに利用できます。直線を描くときと同様、罫線モードに切り替えて斜線を描きます(73ページ参照)。

斜線を引く

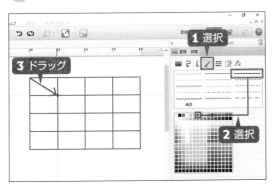

1 罫線モードに切り替え、[罫線]パレットの ╱ [斜線]を選択します。

2 線の種類と色を選択します。

3 編集画面上で斜線を引きたい位置をドラッグします。

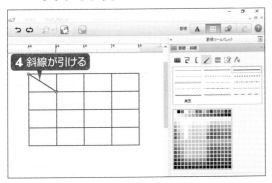

4 マウスボタンを離すと、斜線を引けます。

MEMO

[罫線]パレットの ⟋ [端点移動]を選択して端点をドラッグすると、始点や終点を移動できます。

矢印付きの斜線を引く

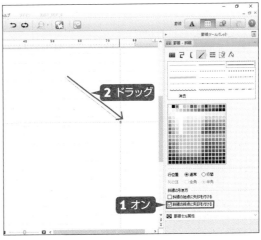

1 [罫線 - 斜線]パレットの[斜線の終点に矢印を付ける](または[斜線の始点に矢印を付ける])のチェックをオンにします。

2 斜線を引きたい位置をドラッグします。

3 終点(または始点)に矢印が付きます。

MEMO

矢印を分かりやすく表示するために、ここでは文字入力モードにしています。

063 括弧

大きな括弧を描きたい

メニュー▶[罫線-括弧] ／ ⊞ ／ツールパレット▶[罫線]パレット(罫線モード)

手書きの文書で、複数行を囲む大きな括弧を描くことがあるでしょう。罫線の[括弧]を利用すると、同じように大きな括弧を描けます。個条書きした行を括弧でくくりたいときなどに利用しましょう。さらに、括弧の途中にブレス(突起)も付けらます。

● 括弧を描く

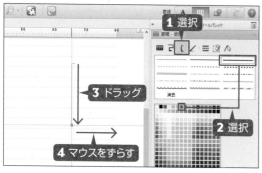

1 罫線モードに切り替え、[罫線]パレットの { [括弧]を選択します。

2 線の種類と色を選択します。

3 編集画面上で縦方向にドラッグします。

4 括弧を開きたい方向にマウスをずらします。

5 マウスボタンを離すと、括弧を描けます。手順 4 で右方向にマウスをずらしたので、右側に開いた括弧になります。

MEMO

下方向や上方向に開いた括弧を描く場合も同様に、開きたい方向にマウスをずらします。

● ブレス付きの括弧を描く

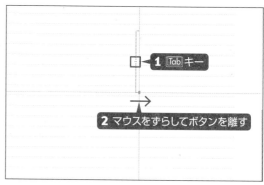

1 始点から終点へドラッグする途中、ブレスを付けたい位置で Tab キーを押します。

2 括弧を開きたい方向にマウスをずらしてマウスボタンを離します。

3 Tab キーを押した位置にブレスが付いた括弧が描けます。

MEMO

括弧の中央にブレスを付けたい場合は、[罫線-括弧]パレットの[括弧の中央にブレスを付ける]をオンにするか、マウスボタンを離すときに Shift + Tab キーを押します。

知っておくと便利な罫線の機能や操作

罫線を描く際には、[行位置]として[通常]または[行間]を選択できます。[通常]は、行の中央に引かれます。[行間]は、行と行の間に引かれます。なお、[通常]で文字の上に線を引くと、文字が削除されます。また、四角形の枠の角を面取りしたり、マウスの動きに沿って線を引く「軌跡」という引き方もあります。

通常罫線と行間罫線

・通常罫線

行の中央に罫線を引きます。

・行間罫線

行と行の間に罫線を引きます。

角の丸い四角形を描く

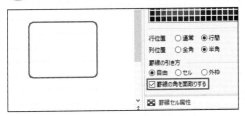

[罫線の角を面取りする]をオンにして四角形を描画すると、角の丸い四角形を描けます。また、四角形を描画する際に、[Ctrl]キーを押したままマウスボタンを離すことでも角丸にできます。

水平・垂直の軌跡を描く

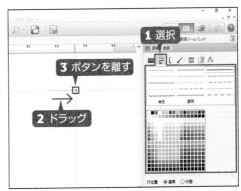

1 [罫線]パレットの[2][軌跡]を選択し、線の種類と色を選択します。

2 横方向にドラッグします。

3 線を曲げる位置で、いったんマウスボタンを離します。

4 次に線を引きたい位置までマウスカーソルを移動し、曲げる位置をクリックします。

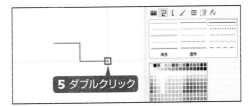

5 終点でダブルクリックすると、これまでの軌跡を確定できます。

064 表作成

一覧から選んで表を作成したい

メニュー▶[罫線－表作成－表作成]

罫線表をさまざまなパターンの一覧から選び、行数や列数を指定して自動作成することができます。作成した表のマス目に、文字や数値を入力して表を完成させます。一覧表や月間予定表などの大きな表がさっと作成できます。

● 一覧表を作成する

1 メニューの[罫線－表作成－表作成]を選択します。

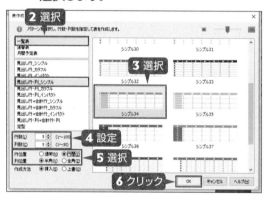

2 表の種類を選択します。ここでは[一覧表]を選択しています。

3 デザインを選択します。ここでは[見出し行・列_シンプル]の[シンプル34]を選択しています。

4 表の[行数][列数]を設定します。

5 [行位置][列位置]を選択します。ここではそれぞれ[行間][半角]を選択しています。

6 OK をクリックします。

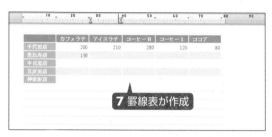

7 罫線表が作成

7 定型の罫線表が作成されました。表内に文字や数値を入力します。

 HINT 連番表や月間予定表も選べる

一般的な一覧表だけでなく、連番やカレンダーがあらかじめ入力された表も用意されています。ランキングの表や、スケジュール表などを作成する際に便利に活用できます。

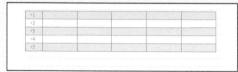

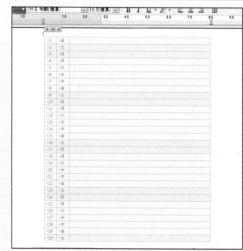

065 罫線セル属性

罫線で作った表の文字をそろえたい

メニュー ▶ [罫線－罫線セル操作] ／ツールパレット ▶ [罫線セル属性]パレット

　罫線内の文字をセンタリングしたり均等割付したりできます。見出しの列と行はセンタリングし、データの数値は右揃えにするなど、表の体裁を整えられます。指定したセル（マス）に背景色を設定することも可能です。

文字揃えを設定する

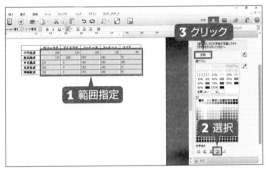

1. 文字揃えを設定したいセルを範囲指定します。

2. [罫線セル属性] パレットの [文字揃え]で [右寄せ] を選択します。

3. 反映 をクリックします。

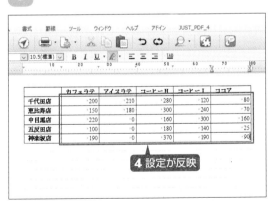

4. 選択中のセルの文字が右寄せされます。

背景を設定する

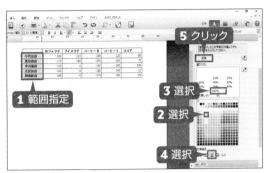

1. 背景を設定したいセルを範囲指定します。

2. [罫線セル属性] パレットのカラーパレットから色を選択します。

3. 塗りつぶしの濃度を選択します。

4. [文字揃え]で [センタリング] を選択します。

5. 反映 をクリックします。

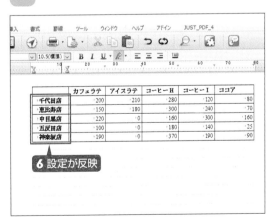

6. 選択中のセルに背景が設定され、文字がセンタリングされます。

066 計算

表の数値を計算したい

メニュー ▶ [罫線－表作成－計算]

　表に入力するデータには、テストの点数や商品の単価、発注数など、さまざまな数値を入力することがあるでしょう。表の値の四則計算ができます。点数の合計や、商品の単価と発注数をかけた発注合計金額など、計算機能を利用しましょう。

● 合計を計算する

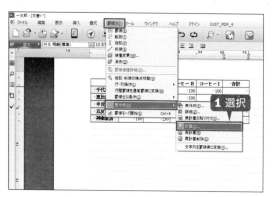

1 メニューの [罫線－表作成－計算] を選択します。

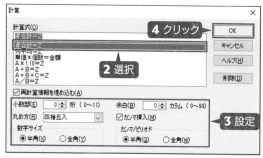

2 [計算] ダイアログボックスが開くので、一覧から計算式を選択します。ここでは [合計] （# 合計＝Z）を選択しています。

3 必要に応じて [数字サイズ] や [カンマ] などを設定します。

4 OK をクリックします。

MEMO

希望の計算式が一覧にない場合は、自分で式を入力することもできます。

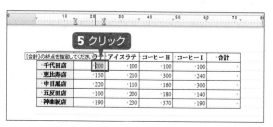

5 表示されるメッセージに従って表内の各項目をクリックします。まずは合計の始点をクリックすると、終点を指定するようメッセージが表示されます。

6 終点をクリックすると、合計 [Z] の始点と終点を指定するようメッセージが表示されます。

7 合計の始点をクリックします。

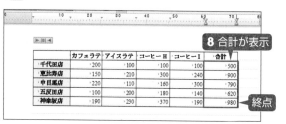

8 合計の終点を指定すると、合計が計算されて表示されます。

067 文書校正

誤字や脱字のチェックなど文書を校正したい

メニュー▶ [ツール－文書校正－文書校正の実行] ／ツールパレット▶ [校正]パレット

校正機能を利用すれば、作成した文書に誤字や脱字、表記の間違いがないかをチェックでき、文書精度を上げることができます。誤字脱字チェックの簡易なもの、公文書のチェックに適したものなど、文書の種類によって、あらかじめ用意されている校正設定から選ぶことができます。

● 校正を実行する

1 [校正] パレットの 文書校正 をクリックして、文書校正の種類を選択します。

2 実行 をクリックします。[指摘表示] ダイアログボックスが開くので、確認して 閉じる をクリックします。

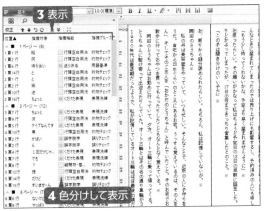

3 ジャンプパレットに指摘項目が一覧表示されます。

4 指摘の種類ごとに色が設定されており、編集画面の指摘個所も色分けして表示されます。

● 指摘個所を修正する

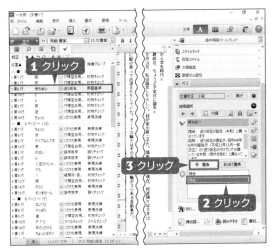

1 気になる指摘個所をジャンプパレットでクリックします。

2 指摘理由を確認し、置換候補をクリックします。自分で入力することもできます。

3 置換 をクリックします。

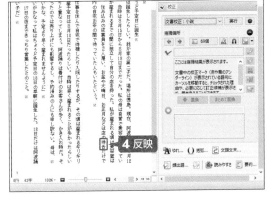

4 修正が反映され、正しい表現になります。

068 NEW! 文書校正：都道府県名

一定のルールに従って住所表記を校正したい

メニュー ▶ [ツール−文書校正] ／ツールパレット ▶ [校正]パレット

　住所表記は、政令指定都市や県庁所在地の都道府県名の省略など、細かな形式が決まっているものもあります。そうした細かなルールをふまえて、都道府県名の抜けなどを検出・訂正候補を提示できます。人に配布したり提出したりする文書作成で活用できます。

● 住所表記の校正内容を設定する

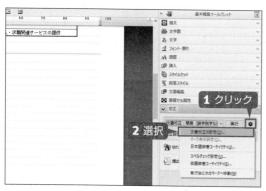

1 [校正]パレットの ⚙ [オプション]をクリックします。

2 メニューから[文書校正の設定]を選択すると開くダイアログボックスで、[簡易（誤字脱字など）]を選択して[内容表示]をクリックします。

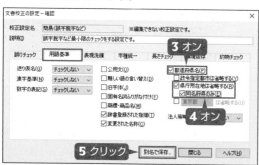

3 [用語基準]タブで[都道府県名]のチェックをオンにします。

4 [県庁所在地は省略する]と[同名府県のみ]のチェックをオンにします。

5 [別名で保存]をクリックし、名称や説明文を付けて設定を保存します。

● 指摘個所を修正する

1 [実行]をクリックして、先ほど保存した設定で校正を実行します。[指摘表示]ダイアログボックスが開くので[閉じる]をクリックして閉じます。

2 ジャンプパレットに表示された指摘個所をクリックします。

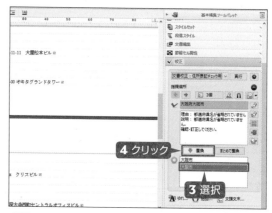

3 指摘された理由を確認し、置換候補を選択します。自分で入力することもできます。

4 [置換]をクリックすると、設定したルール通りに置換されます。

069 NEW! 文書校正：法人等略語

株式会社と（株）が混在していないかチェックしたい

メニュー▶[ツール－文書校正] ／ツールパレット▶[校正]パレット

　法人名などを入力する際、「株式会社」と略さず表記したり、「（株）」といった略語で表記したりすることがあります。これらが混在していないかをチェックして、設定と異なるときに指摘できます。ビジネス文書や公用文などの表記を整えるのに役立ちます。

● 法人等略語の校正内容を設定する

1 前ページと同様の手順で [文書校正の設定] で [簡易（誤字脱字など）] を選択し、内容表示をクリックします。

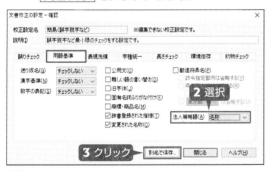

2 [用語基準] タブの [法人等略語] で [名称] を選択します。

3 別名で保存をクリックし、名称や説明文を付けて設定を保存します。

● 指摘個所を修正する

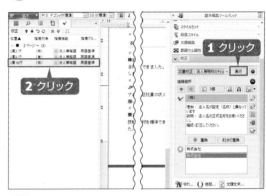

1 実行をクリックして、保存した設定で校正を実行します。[指摘表示] ダイアログボックスが開くので閉じるをクリックして閉じます。

2 ジャンプパレットに表示された指摘個所をクリックします。

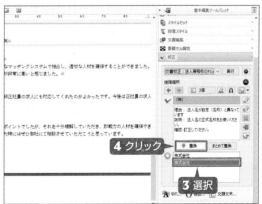

3 指摘された理由を確認し、置換候補を選択します。

4 置換をクリックすると、設定したルール通りに置換されます。

070 UP↗ 文書校正：漢字基準

常用漢字にない漢字を含む単語を指摘したい

メニュー▶[ツール−文書校正] ／ツールパレット▶[校正]パレット

　より広い読者に向けた文書作成では、誰もが読みやすい文書であることが求められます。使う漢字にも気を配りたいものです。常用漢字表にない漢字を含む単語を指摘し、訂正候補が以前よりも適切に示されるようになりました。

● 常用漢字にない漢字をチェックする校正内容を設定する

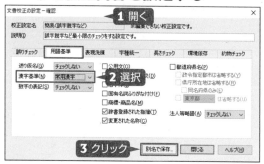

1 前ページと同様の手順で[文書校正の設定−確認]ダイアログボックスを開きます。

2 [用語基準]タブの[漢字基準]で[常用漢字]を選択します。

3 [別名で保存]をクリックします。

● 指摘個所を修正する

1 [実行]をクリックして、保存した設定で校正を実行します。[指摘表示]ダイアログボックスが開くので[閉じる]をクリックして閉じます。

2 ジャンプパレットに表示された指摘個所をクリックします。

3 指摘された理由を確認し、置換候補を選択します。

4 [↓ 置換]をクリックします。

5 選択した置換候補に置換されます。

071 UP↗ 文書校正：表記ゆれ

表記ゆれをチェックしたい

メニュー▶[ツール－文書校正－表記ゆれ] ／ツールパレット▶[校正]パレット

「気付く」と「気づく」など、表記のゆれをチェックできます。文書を複数のシートに分けている場合も、シートをまたいで表記ゆれをチェックできます。結果のダイアログボックスでは、一覧の文字サイズを3段階で切り替えられます。

● 全シートを対象に 表記ゆれを確認

1 [校正]パレットの [ゆれ...] [文書校正（表記ゆれ）]をクリックします。

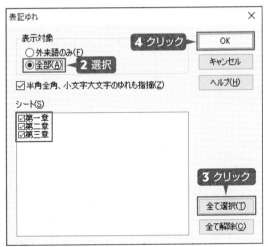

2 [表示対象]で[全部]を選択します。

3 対象にしたいシートを選択します。[全て選択]をクリックすると、大量のシートがあってもワンクリックですべてを対象にできます。

4 [OK]をクリックします。

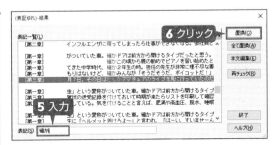

5 左側に表示されているのがシート名です。ゆれがある行を選択し、[表記]欄に正しい表記を入力します。

6 [置換]をクリックします。これで表記を修正できます。

MEMO

[本文編集]をクリックすると、直接本文を編集できます。[F5]キーを押すと、ダイアログボックスに戻ります。

HINT 文字サイズを切り替えられる

 [文字サイズ]をクリックすると、[ふつう][やや大きめ][大きめ]から文字サイズを選べます。

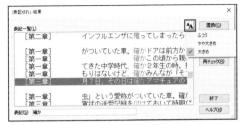

072 スペルチェック

英単語のスペルをチェックしたい

メニュー▶[ツール−スペルチェック]／ツールパレット▶[校正]パレット

　文書中の英単語のつづりが間違っていないか、辞書に基づいてチェックすることができます。チェックに使う辞書は、英単語辞書と日本語名称辞書、英語チェック用ユーザー辞書の3つです。用途に合わせて辞書を切り替えることもできます。

● スペルチェックを実行する

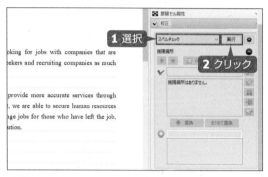

1 [校正] パレットの 文書校正 をクリックして、リストから [スペルチェック] を選択します。

2 実行 をクリックします。

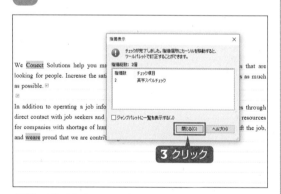

3 [指摘表示] ダイアログボックスが開くので、確認して 閉じる をクリックします。

MEMO

ジャンプパレットを利用しない場合は、[ジャンプパレットに一覧を表示する] のチェックをオフにします。

4 [校正] パレットで指摘理由を確認し、置換候補を選択します。自分で入力することもできます。

5 置換 をクリックすると、置換されます。

MEMO

固有名詞など、修正の必要がない場合は [全校正マークをクリア] か [以後無視] をクリックしてマークをクリアし、 [次のマーク] をクリックして次の指摘個所にジャンプします。

HINT チェック内容を設定する

[校正] パレットの [オプション] をクリックしてメニューの [スペルチェック設定] を選択すると開くダイアログボックスで、無視する単語やチェックする項目などを設定できます。

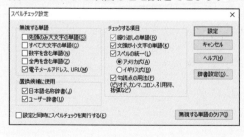

073 NEW! テキスト補正

開いたPDFや画像のテキストを補正したい

メニュー▶[ツール－オプション－オプション]

PDFファイルや画像ファイルを、一太郎文書に変換して開くことができます（※）。しかし、PDFや画像の内容によっては、期待どおりの文字変換にならなかったり、不要な半角スペースが入ったりすることがあります。その場合、「テキスト補正」を実行することができます。

● テキスト補正を実行する設定にする

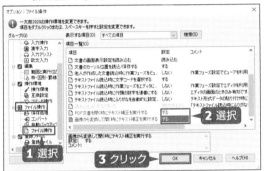

1. メニューの[ツール－オプション－オプション]を選択し、[グループ]で[ファイル操作－ファイル操作]を選択します。

2. [項目一覧]で[PDF文書を開く時にテキスト補正を実行する]と[画像から変換して開く時にテキスト補正を実行する]を[する]にします。

3. OKをクリックします。
   ➡ PDFや画像ファイルを一太郎文書に変換して開く方法は12ページへ

MEMO

初めて一太郎文書に変換する際に開くダイアログボックスで はい をクリックすると、上記オプションで[PDF文書を開く時にテキスト補正を実行する]が[する]の設定になります。

● テキスト補正を実行する

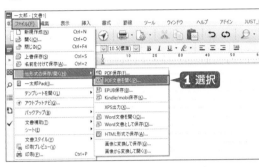

1. メニューの[ファイル－他形式の保存/開く－PDF文書を開く]を選択します。

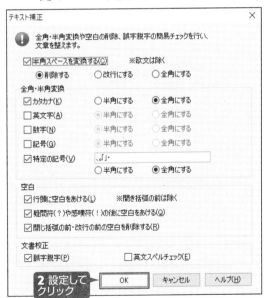

2. 適宜設定を変更し、OKをクリックします。設定内容でテキストが補正されて、一太郎文書として開きます。

※「一太郎2020 プラチナ［35周年記念版］」に搭載されている「JUST PDF 4［作成・編集・データ変換］」のインストールが必要です。

074 UP↗ 文字数

文書の文字数を確認したい

ツールパレット▶[文字数]パレット

論文や小説など、文字数を確認しながら執筆するときは、[文字数]パレットで確認できます。しかし、ツールパレットを閉じて画面を広く使いたいときもあるでしょう。一太郎2020では、文書の文字数がステータスラインに表示されるようになりました。

● ステータスバーで文字数を確認

1 画面下部のステータスバーに文字数が表示されているので、いつでも確認できます。

2 テキストファイルを開いた場合、文字数のほか、文字コードも表示されます。

● [文字数]パレットで文字数を確認

1 [文字数]パレットを開くと、文字数が表示されます。

MEMO

⟳[更新]右の▾[更新間隔]をクリックすると、文字数の表示を更新する間隔を設定できます。

達成度を表示する

⚙[設定]をクリックすると開く[文字数パレットの設定]ダイアログボックスで、目標の文字数やページ数を設定できます。目標を設定すると、達成度がバーグラフと%で表示されます。

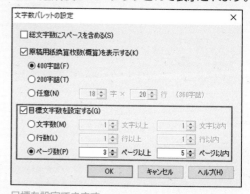

目標を設定できます。

達成度が表示されます。

075 添削

文書を添削したい

メニュー▶[ツールー添削（赤入れ）−添削（赤入れ）開始]

　通常の文字入力モードから添削（赤入れ）モードに切り替えて、元の文書を損なわないまま、文書を編集することができます。添削モードにすると、DeleteキーやBack Spaceキーで削除した文字列には取消ラインが付き、入力した文字列にはアンダーラインが付きます。

● 添削を実行する

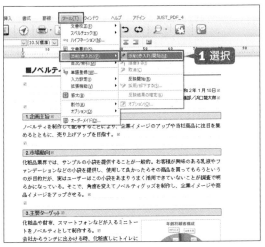

1 メニューの [ツールー添削（赤入れ）−添削（赤入れ）開始] を選択します。

2 添削モードに切り替わるので、添削を開始します。添削内容は、文書右に吹き出しで表示されます。

MEMO

文字列の挿入や削除ではなく、文章に対して意見を書き込みたい場合は、コマンドバーの 指摘 をクリックし、内容を入力します。

● 添削者名や添削に使う色を設定する

1 添削オプション をクリックします。

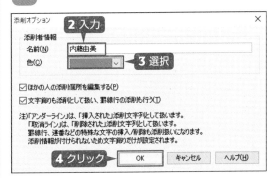

2 添削者情報の [名前] 欄に設定したい名前を入力します。

3 [色] で色を選択します。

4 OK をクリックします。

MEMO

初期設定では、一太郎のインストール時に自動で設定された使用者名が入力されています。

MEMO

複数人で添削する場合は、別の色に設定しておくと誰の添削かがひと目で分かります。

076 添削

添削した文書の指摘を反映／却下したい

メニュー▶[ツール－添削（赤入れ）－反映開始]

添削内容を採用するか却下するかを選択したり、指摘を確認済みにするかしないかを選択したりして、文書に反映していきます。最終的に反映結果を確定させ、採用した添削文字列を通常の文字列として文書中に挿入したり、文書中から実際に削除したりします。

● 添削内容を反映する

1 メニューの［ツール－添削（赤入れ）－反映開始］を選択します。

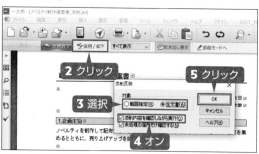

2 採用/却下 をクリックします。

3 ［添削反映］ダイアログボックスが開くので、［対象］を選択します。

4 ［添削内容を確認しながら実行］のチェックをオンにします。

5 OK をクリックします。

6 いずれかをクリック

6 現在選択されている添削個所に対する反映処理を選択します。添削を採用する場合は 添削採用 を、却下する場合は 添削却下 をクリックします。［指摘］の場合は 確認済み をクリックします。

> **MEMO**
>
> 処理を選択すると次の添削に進みます。すべての添削が終了したらその旨のダイアログボックスが開くので 確認 をクリックして閉じます。

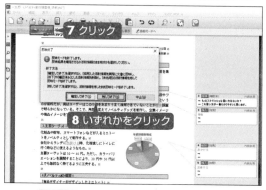

7 クリック

8 いずれかをクリック

7 反映終了 をクリックします。

8 ダイアログボックスが開くので、確定して終了 または 残して終了 をクリックします。

> **MEMO**
>
> 確定して終了 をクリックすると、採用した添削個所を文書に反映し、実際に文字列を挿入・削除します。却下した添削個所は削除されます。残して終了 をクリックすると、添削文字列や指摘をそのままの状態で残します。以降も添削を続けたいときや、反映をやり直したりしたいときはこちらを選択します。

077　索引設定／索引作成

索引を作成したい

メニュー▶[ツール−目次／索引−索引設定][ツール−目次／索引−索引作成]　／ツールパレット▶[文書編集]パレット

　索引を自動的に作る機能が用意されています。あらかじめ索引にしたい用語を指定しておくだけで、自動的に索引を作ることができます。索引があれば、知りたい用語を簡単に調べることができるため、特に論文やマニュアルでは、索引は重要な役割を持っています。

索引にする語句を指定する

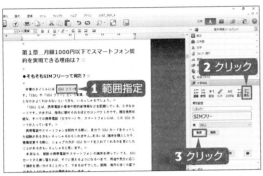

1 索引にしたい語句を範囲指定します。

2 [文書編集] パレットの [索引] をクリックします。

3 登録 をクリックします。

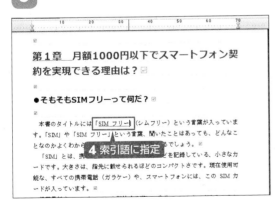

4 語句にアンダーラインが付き、索引語に指定されます。

MEMO

同様にして、索引にしたい語句を次々と登録していきます。

索引を作成する

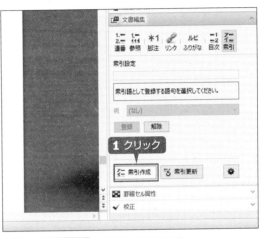

1 索引作成 をクリックします。

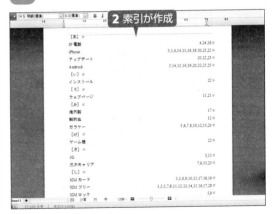

2 索引を作る位置をクリックすると、指定した位置に索引が作成されます。

MEMO

同じ単語を登録していても、作成時に1つにまとめることができます。

078 目次設定／目次作成／目次ギャラリー

目次を作成したい

メニュー▶[ツール-目次/索引-目次行設定/解除][ツール-目次/索引-目次作成] ／ツールパレット▶[文書編集]パレット

　目次として取り上げたい段落を目次行に指定することにより、目次を簡単に作ることができます。目次行の指定をしたあと、「目次作成」や「目次ギャラリー」を実行すると、自動的に目次が作られます。小説や論文などの長文の文書作成で役立ちます。

● 目次行を指定する

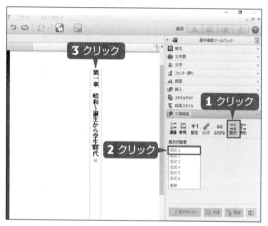

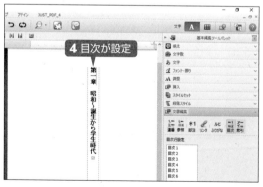

1 [文書編集] パレットの [目次] をクリックします。

2 [目次 1] をクリックします。

3 目次にしたい行をクリックします。

4 これで目次行が設定できました。同じように次々と目次行を設定していきます。必要に応じて [目次 2] も設定します。

● 目次を作成する

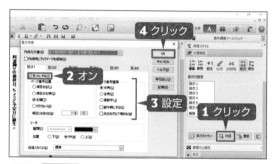

1 [目次作成] をクリックします。

2 [目次 1] タブの [目次にする] のチェックをオンにします。

3 必要に応じて [ページ番号位置] や [ページ番号種類][リーダ] を設定します。

4 [OK] をクリックします。同様に [目次 2] タブの [目次にする] のチェックもオンにします。

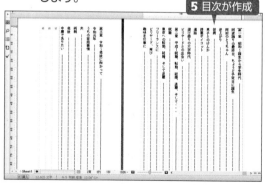

5 文書中で目次を挿入する位置をクリックすると、目次が作られます。

目次ギャラリーから選択して目次を作成する

1 目次行を設定したあと、 目次ギャラリー をクリックします。

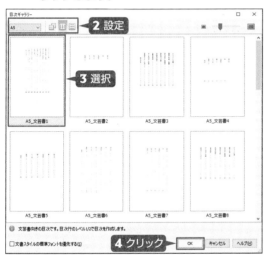

2 用紙サイズや縦書きか横書きかなどを設定します。

3 一覧から好みの目次デザインを選択します。

4 OK をクリックします。

MEMO

目次デザインを選択すると、一覧の下に説明が表示されます。この説明を確認し、どのレベルの目次行までを拾い出すのかを確認しておきましょう。

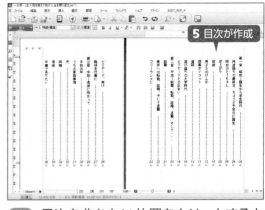

5 目次を作りたい位置をクリックすると、あらかじめ指定しておいた目次行を拾い出して、指定したデザインで目次が作られます。

目次を更新する

1 内容を編集してページが増減した場合は、 更新 をクリックします。

2 ページ番号が自動的に更新されます。

MEMO

文書を保存するときには、目次を更新するかどうかを確認するダイアログボックスが表示されます。

---

079 単語登録
文書内の単語を登録したい

メニュー ▶ [ツール－単語登録]

変換されにくい単語や特殊な読みの名前、長い単語、よく使うセンテンスなどを単語登録しておくと、入力の手間を少なくでき、素早く正確な入力が可能になります。忘れにくく、直感的にすぐ結び付くような読みで登録すると便利です。

● 単語を登録する

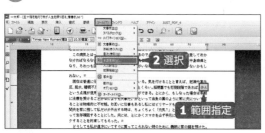

1 登録したい文字列を範囲指定します。

2 メニューの [ツール－単語登録] を選択します。

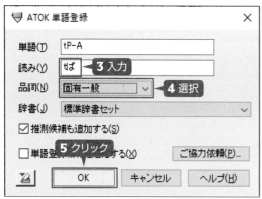

3 [読み] に読みを入力します。

4 [品詞] で品詞を選択します。

5 OK をクリックします。

● 登録した単語を入力する

1 登録した単語の読みを入力して Space キーを押します。

2 登録した単語に変換できます。
➡ ATOK については 108 ページ～ 126 ページへ

080 感太

感太を使ってことばや写真を挿入したい

メニュー▶[ツール－感太] ／ツールパレット▶[感太]パレット

「感太」は、"心で感じて書くツール"です。四季や情景を写したさまざまなイメージ写真にことばが添えられています。イメージに合ったことばや写真を文書に挿入することができます。文書作成のイメージをふくらませたり、表現のヒントにしたりと、文書の幅を広げられます。

● ことばを挿入する

1 [感太] パレットの ［もっと見る］ をクリックします。

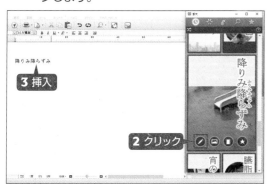

2 感太が起動します。挿入したいカードの ［ことばを挿入します］ をクリックします。

3 カーソル位置に、ことばが挿入されます。

● 写真を挿入する

1 挿入したいカードの ［写真を挿入します］ をクリックします。

2 カーソル位置に、写真が挿入されます。

> **MEMO**
>
> 感太を終了するときは、右上の × [閉じる] をクリックします。

081 オーダーメイド

オーダーメイドで操作環境をカスタマイズしたい

メニュー▶[ツール－オーダーメイド]

　自分の好みに合わせて画面や操作環境をカスタマイズできます。手早くオーダーできる「かんたんオーダー」、とことんこだわりたい人向けの「こだわりオーダー」があります。作成する文書に応じて切り替えてもよいでしょう。

● オーダーメイド画面を表示する

1 メニューの[ツール－オーダーメイド]を選択します。

2 [かんたんオーダー]か[こだわりオーダー]かを選びます。

● かんたんオーダー

・使いこなし

いろいろな機能で多様な文書を作る方におすすめです。初期設定では、「使いこなし」が設定されています。

・シンプル

ツールバーを縦型に配置するなど、編集画面を広く使えます。メニューは、基本機能に絞った「シンプルメニュー」になります。

・もの書き

バーやパレットを非表示にし、文章の入力や編集に集中しやすい画面です。小説などの執筆におすすめです。

・くっきり

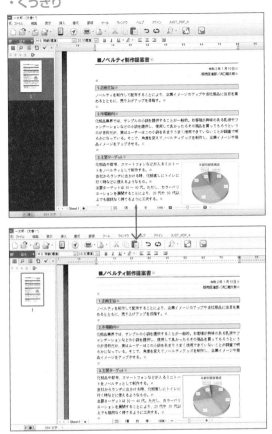

ツールバーや行間ラインなどのコントラストを
強めた画面デザインです。

こだわりオーダー

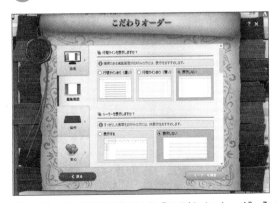

オーダーメイドの画面から[こだわりオーダー]
を選択すると、この画面が表示されます。好
みの設定を選んでいきます。

画面の背景にネームを入れる

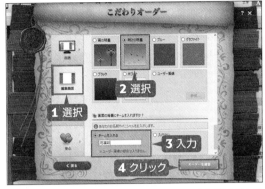

1　こだわりオーダーの画面で[編集画面]
を選択します。

2　[画面の背景を選びましょう]で、好み
の背景デザインを選択します。

3　[ネームを入れる]を選択し、表示したい
名前を入力します。

4　　オーダーを確認　をクリックします。

5　確認画面が表示されるので　オーダーする
をクリックし、続いて　OK　をク
リックすると設定完了です。背景デザイ
ンが変更され、ネームが表示されます。

MEMO

設定しているオーダーメイドを取り消したい
ときは、[ツール−オーダーメイド]を選択
して、　初回起動時の設定に戻す　をクリックします。

082 オプション

一太郎の機能をカスタマイズしたい

メニュー ▶ [ツール－オプション－オプション]

　一太郎の細かい操作環境をカスタマイズできます。パソコンの性能に応じてリアルタイムプレビューを無効にしたり、好みに応じてハイパーリンクを自動設定しない設定に変更したりできます。手になじむ環境に設定しましょう。

● 設定を変更する

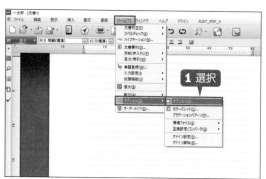

1 メニューの [ツール－オプション－オプション] を選択します。

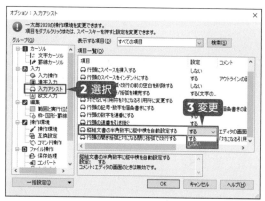

2 左側の [グループ] で分類を選びます。

3 右側の項目一覧で変更する項目を選んで設定を変更し、OK をクリックします。

> **MEMO**
>
> 一括設定 をクリックしてメニューから [初期値に戻す] を選択すると、すべての設定変更を解除してインストール直後の状態に戻せます。

● 変更した設定を確認する

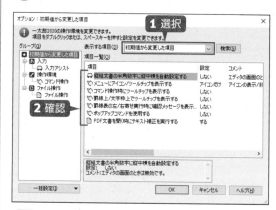

1 [表示する項目] で [初期値から変更した項目] を選択します。

2 変更した項目を確認できます。

> **HINT　そのほかの項目を選ぶ**
>
> [表示する項目] で [一太郎 2020 で追加された項目] などを選択すると、新しく追加された項目を確認することができます。また、[項目を検索] を選択すると、キーワードで検索することができます。
>
>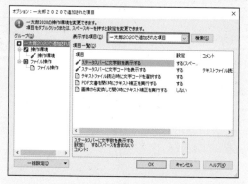

083　上下に並べて表示／左右に並べて表示

複数の文書を上下や左右に並べたい

メニュー▶[ウィンドウ－上下に並べて表示] [ウィンドウ－左右に並べて表示]

複数の文書ファイルを開いて、切り替えて編集することができます。資料を表示しながら別の文書を作成したり、新旧2つのバージョンの文書を比較したりしたいときは、開いた文書を上下や左右に並べて表示すると効率的です。

● 上下／左右に並べて表示する

1 メニューの[ウィンドウ－上下に並べて表示]を選択します。

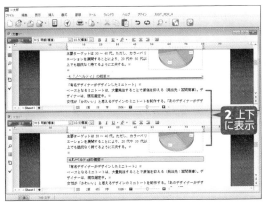

2 開いているすべての文書が上下に並んで表示されます。

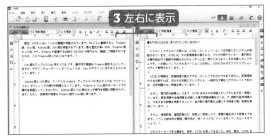

3 [ウィンドウ－左右に並べて表示]を選択すると、文書が左右に並んで表示されます。

元に戻すには

大きくしたいウィンドウの右上にある 🔲 [最大化]をクリックすると、そのウィンドウが全面に表示されます。ウィンドウの境界線をドラッグして、各ウィンドウを任意のサイズに変えることもできます。

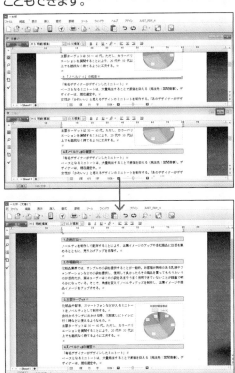

084 ウィンドウの表示切り替え

複数開いている文書を切り替えたい

メニュー ▶ [ウィンドウ]

[新規作成] や [開く] などから、一度に複数のファイルを開くことができます。現在開いているファイルは、[ウィンドウ] メニューを表示すると確認でき、複数のウィンドウを開いている場合、自由に切り替えられます。

● ウィンドウを切り替える

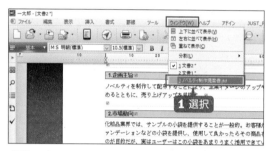

1 複数の文書ファイルを開いた状態でメニューの [ウィンドウー (開いている文書のファイル名)] を選択します。

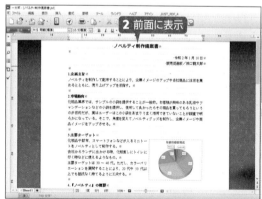

2 選択したファイル名の文書が前面に表示されます。

🖐 HINT ショートカットキーで次文書に切り替える

あらかじめ割り当てられている [Ctrl] + [Tab] キーを押すと、次の文書に切り替わります。たとえば A、B、C の文書が読み込まれている場合、[Ctrl] + [Tab] キーを押すたびに A → B → C → A というように、次々と文書を切り替えることができます。

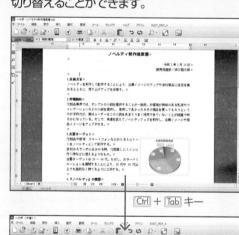

[Ctrl] + [Tab] キー

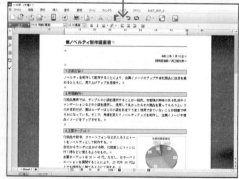

085 上下分割／左右分割
文書を上下や左右に分割して表示したい

メニュー▶[ウィンドウー分割ー上下分割／左右分割]

　１つの文書を、複数の画面に分けて表示することができます。長文の文書を扱っている場合など、離れた場所を同時に見たいときに利用すると便利です。画面の分割位置は、ドラッグして変更することもできます。

● 文書を上下に分割する

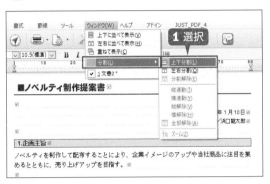

1 メニューの[ウィンドウー分割]の[上下分割]または[左右分割]を選択します。ここでは[上下分割]を選択します。

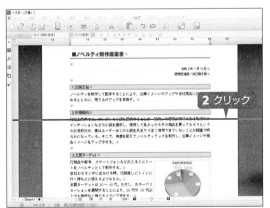

2 上下中央に参照線が表示されるので、分割したい位置をクリックします。

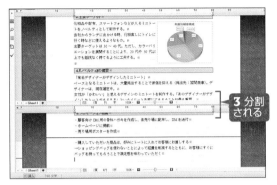

3 画面が上下２つに分割されます。

> **MEMO**
>
> 分割した画面のスクロールをそろえたい場合は、[ウィンドウー分割ー縦連動／横連動]を選択します。

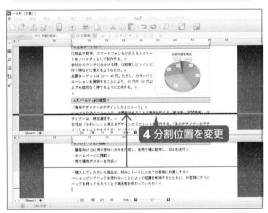

4 分割線をドラッグすると分割位置を変更できます。

> **MEMO**
>
> 分割を解除するには、[ウィンドウー分割ー分割解除]を選択します。

086 一太郎のヘルプ

一太郎のヘルプを利用したい

メニュー▶[ヘルプ-一太郎のヘルプ] /

　操作方法や機能の内容が分からないなど、困ったときにはヘルプを活用しましょう。ヘルプ画面の[目次]や[キーワード]などのシートを切り替えて、操作方法を探したり、用語の意味を調べたりできます。

● 目次からたどる

1 ツールバーの右端にある [ヘルプ]をクリックします。

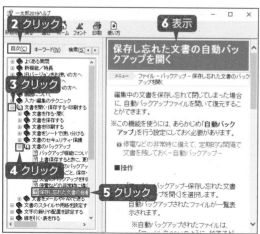

2 [目次]タブをクリックします。

3 知りたい内容の項目の左の ⊞ をクリックして展開します。クリックすると ⊟ に変わります。

4 さらに次の階層の項目の ⊞ をクリックして展開します。

5 目的の内容をクリックします。

6 右側に操作方法などの説明が表示されます。

● キーワードで調べる

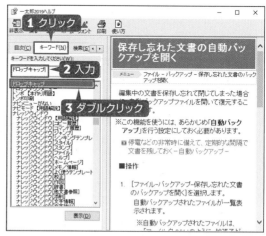

1 [キーワード]タブをクリックします。

2 知りたい内容を入力します。

3 知りたい項目をダブルクリックします。

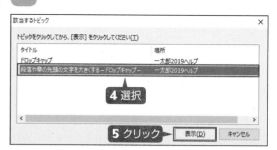

4 該当するトピックが表示されるので、知りたい項目を選択します。

5 表示 をクリックすると、ヘルプ画面の右側に操作方法などの説明が表示されます。

087 一太郎のマニュアル
一太郎のマニュアルを参照したい

メニュー ▶ [ヘルプー一太郎のマニュアル]

　マニュアルは、PDF形式で収録されています。PDF閲覧ソフトのしおり機能をうまく利用して、知りたい内容を効率的に探しましょう。一太郎からすぐに呼び出せるので、紙のマニュアルと異なり、なくしてしまう心配もありません。検索性にもすぐれています。

● マニュアルを参照する

1 メニューの [ヘルプー一太郎のマニュアル] を選択します。

2 しおりが表示されていない場合は [しおり] をクリックして、しおりを開きます。

MEMO

一太郎のマニュアルは、既定のアプリに設定されている PDF 閲覧ソフトに読み込まれます。解説の PDF 閲覧ソフトは「JUST PDF 4 [編集]」です。ほかのソフトでは操作が異なる場合があります。

➡ JUST PDF 4[編集]については 159 ページ～166 ページへ

3 しおりの中から知りたい項目をクリックします。

4 画面にそのページの内容が表示されます。

HINT キーワードで検索する

Ctrl + F キーを押すと、簡易検索ボックスが開きます。ここにキーワードを入力して 次を検索 をクリックすると、その文字を含む画面に次々にジャンプできます。

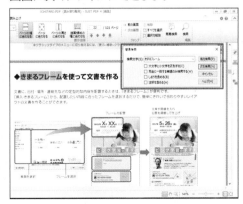

※画面に表示されているマニュアルは、一太郎 2019 のものです。

088 画面タイプの確認

画面タイプを確認したい

メニュー ▶ [ヘルプ－画面タイプの確認]

　画面タイプには「オリジナルタイプ」と「クラシックタイプ」があります。オリジナルタイプはシンプルで直感的な操作性を追求した画面、クラシックタイプは一太郎 2010 のユーザーインターフェイスを踏襲した画面です。

● 画面タイプを確認する

1 メニューの [ヘルプ－画面タイプの確認] を選択します。

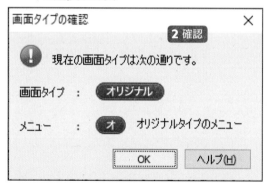

2 [画面タイプの確認] ダイアログボックスが開き、現在利用している画面タイプとメニューが表示されます。

HINT 画面タイプを切り替えるには

Windows のスタートボタンをクリックし、[JustSystems ツール＆ユーティリティ－JustSystems ツール＆ユーティリティ] を選択し、[一太郎] から [一太郎 2020 画面タイプ切替ツール] を選択します。開くダイアログボックスで画面タイプを選択します。メニューを切り替えるには、一太郎のメニューの [表示－補助] を選択し、使うメニューを選びます。

089 限定 フォトモジ

写真を使った文字で印象的なタイトルを作りたい

メニュー ▶ [アドイン−フォトモジ]

　35周年記念ソフト「フォトモジ」は、写真を文字の形で切り抜いて見出しやロゴを作成できるソフトです。文字の形に切り抜くだけでなく、背景に色や効果を付けることもでき、タイトルや見出しを印象的に仕上げられます。配付資料や冊子、チラシの作成などに活用できます。

● フォトモジを活用する

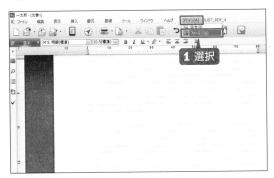

1 メニューの [アドイン−フォトモジ] を選択します。

2 フォトモジが起動し、[絵や写真] ダイアログボックスが表示されるので、[写真] タブでカテゴリを選び、一覧から写真を選択します。

3 選択 をクリックします。

> **MEMO**
>
> 手順 **2** で [絵や写真] ダイアログボックスが表示されない場合は、[フォトモジ] 画面の ▦ 絵や写真を選ぶ をクリックします。

4 写真を選択すると文字入力画面に切り替わるので、[1行目] に作りたい文字列を入力します。

> **MEMO**
>
> 2行、3行のタイトル文字を作りたい場合は、続けて [2行目] [3行目] にも文字列を入力します。

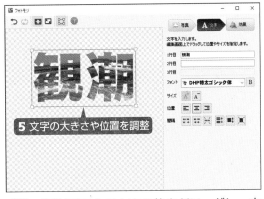

5 編集画面上で文字の枠をドラッグし、文字の位置を決めます。四隅の ■ (ハンドル) をドラッグしてサイズを調整します。

> **MEMO**
>
> フォントや文字の大きさ、文字揃え、字間や行間を変更することもできます。

6 をクリックします。

・背景 [単色]

背景を単色にして文字を引き立たせます。

・背景 [写真]

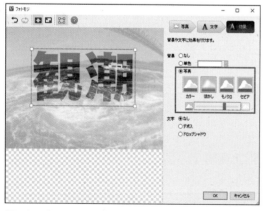

元の写真を活かして仕上げます。背景にする写真の透明度を調整したりぼかしたり、モノクロやセピアにしたりすることで、印象をガラリと変えることができます。

・文字 [デボス]

文字がへこんだように見えます。

・文字 [ドロップシャドウ]

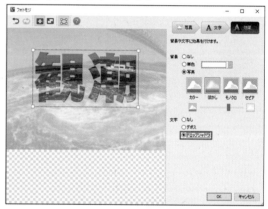

影が付き、文字が浮き上がったように見えます。

7 付ける効果が決まったら OK をクリックします。一太郎の画面に貼り付きます。

MEMO

デスクトップの［フォトモジ］ショートカットアイコンから、フォトモジを単独で起動することもできます。

090 環境を元に戻すツール

インストール直後の状態に戻したい

メニュー▶[JustSystems ツール&ユーティリティー JustSystems ツール&ユーティリティ]（Windowsのメニュー）

　カスタマイズしたメニューや変更した背景デザインなど、一太郎の設定をまとめてインストール直後の状態に戻すことができます。すべての設定を破棄して、最初から設定をやり直したいときなどに便利です。

● 一太郎の設定を元に戻す

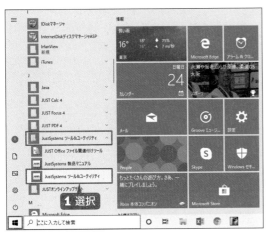

1 一太郎やジャストシステム製品が起動している場合は終了します。Windowsのスタートボタンをクリックし、[JustSystems ツール&ユーティリティ － JustSystems ツール&ユーティリティ]を選択します。

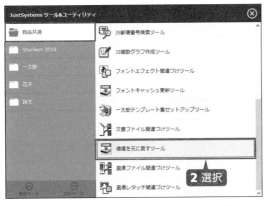

2 [商品共通－環境を元に戻すツール]を選択します。

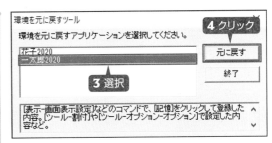

3 開く画面で[一太郎 2020]を選択します。

4 元に戻す をクリックします。

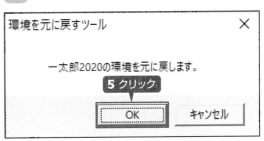

5 ダイアログボックスで OK をクリックします。次の画面でも OK をクリックします。

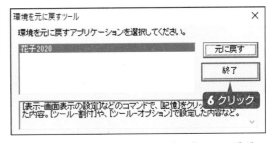

6 [環境を元に戻すツール]ダイアログボックスで 終了 をクリックします。

091 オン／オフ

ATOKのオン／オフを切り替えたい

ATOK for Windows 一太郎 2020 Limited（以下、ATOK）で日本語を入力するには、ATOKをオン（有効）にする必要があります。ここでは、Windows 10 で ATOKのオン／オフを切り替える操作を説明します。なお、一太郎を起動すると、ATOKは自動的にオンになるので、すぐに日本語を入力できます。

● ATOKのオン／オフを切り替える

1 タスクバーの ▲ をクリックします。または 半角/全角 キーを押します。

2 ATOK がオンになり、表示が あ に切り替わります。もう一度クリックするか 半角/全角 キーを押すとオフになります。

MEMO

インストール時に ATOK を既定の言語に設定しなかった場合、Windows のスタートボタンをクリックし、[ATOK － ATOK を既定の言語に設定] を選択すると、既定の言語に設定できます。

HINT 日本語入力をATOKに切り替える

日本語入力システムが ATOK 以外になっている場合は、一太郎のメニューから [ツール－入力設定－日本語入力を ATOK にする] を選択してください。

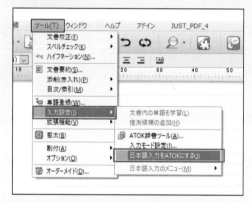

HINT 一太郎以外のアプリケーションでATOKを使う

Word や Excel など、一太郎以外のアプリケーションで日本語入力を ATOK に切り替えたいときは、タスクバーの言語アイコン（ ⬛ など）をクリックして、[ATOK for 一太郎 2020] を選択すると ATOK に切り替えられます。

092　入力

目的の変換候補を選択して入力したい

日本語には、読みが同じで意味の異なる言葉がたくさんあります。そのため、変換精度の高いATOKでも、一度の操作では正しく変換できない場合があります。そのようなときは、正しい候補を自分で選択することができます。ここでは、「快投する」と入力する例を説明します。

● 正しい候補を選択して入力する

1 「かいとうする」と読みを入力します。

2 [Space]キーを押すと「回答する」に変換されます。

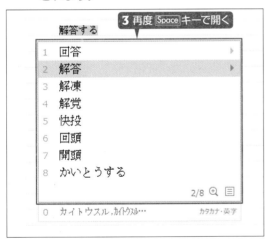

3 もう一度[Space]キーを押すと、候補ウィンドウが開いて次の候補が選択されます。

MEMO

表示される候補の順番は、ATOKの学習状態によって異なります。

4 [Space]キーを押すと1つ下の候補、[↑]キーを押すと1つ上の候補を選択できます。このキー操作で目的の候補を選択します。

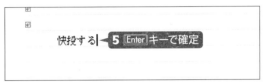

5 [Enter]キーを押して、選択した候補を確定します。

HINT 少し長めに入力すると正しく変換できる

ATOKは、入力された読みの意味を判断して変換します。このため、単語単位ではなく、ほかの文節も含めて少し長めの読みを入力すれば、正しく変換できる確率が高くなります。

093 確定アンドゥ

確定直後に変換ミスを修正したい

　確定した文字を確定前の状態に戻す「確定アンドゥ」という機能があります。確定したあとでミスに気づき、修正したいときに便利です。ここでは、「公園に行った」→「講演に行った」に修正する例を説明します。

● 確定した文字を修正して再変換する

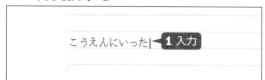

1 「こうえんにいった」と入力します。

2 Space キーを押して「公園に行った」と変換します。

3 Enter キーを押して確定します。

4 Ctrl + Back Space キーを押します。確定した文字が未確定状態に戻ります。

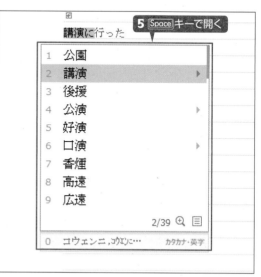

5 Space キーを押して候補ウィンドウを開き、「講演」を選択します。

6 Enter キーを押して「講演に行った」を確定します。

MEMO

Ctrl + Back Space キーを続けて押すと、確定した文字をさかのぼって未確定状態に戻せます。

094 カタカナ変換／英数変換

入力した文字をカタカナやアルファベットに変換したい

入力した読みはカタカナやアルファベットに変換することができます。カタカナは F7 キー、アルファベットは F10 キーを使います。ここでは「ハクティビスト」「innovation」を入力する例を説明します。

● カタカナを入力する

はくてぃびすと| ← 1 入力

1 「はくてぃびすと」と入力します。

ハクティビスト ← 2 F7 キーで変換

2 F7 キーを押すと「ハクティビスト」とカタカナに変換されます。

ハクティビスト ← 3 Enter キーで確定

3 Enter キーを押して確定します。

● アルファベットを入力する

いんおうぢ ぁちおn| ← 1 入力

1 I N N O V A T I O N の順番にキーを押します。画面には「いんおうぢ ぁちおn」と表示されます。

innovation ← 2 F10 キーで変換

2 F10 キーを押すと「innovation」とアルファベットに変換されます。

innovation| ← 3 Enter キーで確定

3 Enter キーを押して確定します。

MEMO

Caps Lock キーを押して、英語入力モードに切り替える方法もあります。タスクバーのアイコン表示が あ から 英 に変わります。再度 Caps Lock キーを押すと、元の入力モードに戻ります。

HINT 入力中のファンクションキーの機能

読みを入力中の各ファンクションキーの機能は次のとおりです。

- F6 キー……ひらがな変換
- F7 キー……全角カタカナ変換
- F8 キー……半角カタカナ変換
- F9 キー……全角英数変換
- F10 キー……半角英数変換

095 **NEW!** 推測候補
いつもの長いフレーズを素早く入力したい

メールの書き出しの挨拶や結びの一文は、いつも決まったフレーズを使うことが多いもの。数回同じ文章を入力・確定すると、句読点で区切られている長めのフレーズも、ATOKが学習します。数文字入力すると推測候補として表示されるようになり、スピーディーな入力を実現します。

● 推測候補の文章を入力する

1 「おつかれ」と入力します。

2 過去に「おつかれ」から入力して確定した言葉や文章が、推測候補として表示されます。

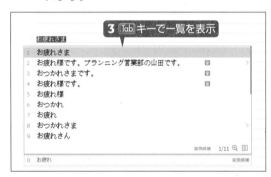

3 Tab キーを押して、推測候補の一覧を選択できる状態にします。

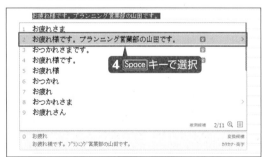

4 Space キーを押して、「お疲れ様です。プランニング営業部の山田です。」を選択します。

5 Enter キーを押して、文章を確定します。

HINT 先頭の推測候補は Shift + Enter キー

入力したい候補が先頭に表示された場合は、Shift + Enter キーを押すと、すぐにその候補を入力できます。

HINT 表示される推測候補は変化する

推測候補として表示される言葉や文章は、過去に入力した言葉によって変化します。本文の例であれば、「お疲れ様です。」「プランニング営業部の」「山田です。」といった短い文章を何度か入力・確定した結果、「お疲れ様です。プランニング営業部の山田です。」という一続きの文章として記憶され、推測候補として表示されるようになります。

MEMO

確定履歴を使用する機能がオンのときに有効です（初期設定ではオン）。メニューの［ツール－入力設定－入力モード設定］を選択すると開く［ATOK プロパティ］ダイアログボックスの［入力・変換］タブで［推測変換－確定履歴］を選択し、オン／オフを切り替えられます。

096 UP↗ 連想変換

別の言い回しに表現を変えたい

変換した言葉と意味の似ている別の言葉に変換する「連想変換」という機能が用意されています。最新の ATOKでは、この連想変換機能が強化され、従来よりも多くの表現(前バージョン比2倍)を選択できるようになりました。

● 「暖かい」の別の表現を入力する

1 「あたたかい」と入力します。

2 Space キーを押して変換します。

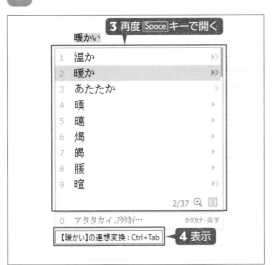

3 もう一度、Space キーを押して候補ウィンドウを開きます。「暖か」を選択します。

4 左下に「【暖かい】の連想変換:Ctrl + Tab」と表示されます。

5 Ctrl + Tab キーを押すと、連想変換の候補が表示されます。

6 入力したい候補を選択します。

7 Enter キーを押して確定します。

097 漢字絞り込み変換
漢字1文字を絞り込んで入力したい

人名や地名などの固有名詞を口頭で伝えるとき、「森鴎外の"おう"」「司馬遼太郎の"りょう"」のように説明することがあります。これと同じ要領で漢字1文字を絞り込んで入力する機能が用意されています。

● 森鴎外の「鴎」を入力する

1 「もりおうがいのおう」とフレーズを入力します。

2 推測候補に「鴎《森鴎外の鴎》」と表示されます。

3 Shift + Enter キーを押して「鴎」を確定します。

MEMO

推測変換の［特定のフレーズにあてはまる漢字を表示する］と［複数文節からなる候補を追加する］がオンの場合に有効です（初期設定ではオン）。メニューの［ツール−入力設定−入力モード設定］を選択すると開く［ATOK プロパティ］ダイアログボックスの［入力・変換］タブで［推測変換−追加する候補］を選択し、オン／オフを切り替えられます。

HINT さまざまな絞り込み

そのほかにも、「旧字体の○○」「○○へんの○○」のようなフレーズから、目的の漢字に絞り込んで入力することができます。

単漢字を絞り込み。「けいおうのけい」（慶応の"けい"）で「慶」を入力できます。

旧字体を絞り込み。「きゅうじたいのこえ」（旧字体の"こえ"）で「聲」を入力できます。

部首名から絞り込み。「こざとへんのかい」（こざとへんの"かい"）で「隗」を入力できます。

098 単語登録

長い単語を短い読みで入力したい

メニュー ▶ [ツールー単語登録]

　長い組織名などは、略称の呼び名で単語登録しておくと、効率的かつ正確に変換できるようになります。ここでは、「内閣サイバーセキュリティセンター」(※) を「にすく」という読みで登録する例を説明します。

※ NISC (National center of Incident readiness and Strategy for Cybersecurity)

単語を短い読みで登録する

1 登録する言葉を選択します。

2 メニューの [ツールー単語登録] を選択します。

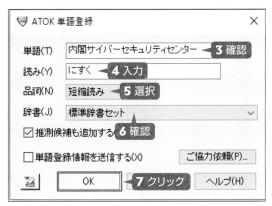

3 選択した言葉が [単語] に設定されていることを確認します。

4 [読み] を入力します。ここでは「にすく」と入力します。

5 [品詞]で品詞を指定します。ここでは「短縮読み」を選択します。

6 [辞書] は「標準辞書セット」のままにします。

7 OK をクリックします。これで単語が登録されてダイアログボックスが閉じます。

登録した単語を入力する

1 登録した読みを入力します。

2 Space キーを押して変換すると、登録した単語に変換できます。

 登録した単語を削除する

登録した単語が不要になったら、削除できます。削除するには、読みを入力して Space キーで変換した状態で Ctrl + Delete キーを押します。確認メッセージが表示されたら、はい をクリックしてください。

099 手書き文字入力

読みの分からない漢字を入力したい

メニュー▶[ツール−入力設定−日本語入力のメニュー−手書き文字入力] ／ツールパレット▶[文字]パレット

入力作業では、変換したい言葉の読みが分からないと入力できません。たとえば、「犇めく」という単語を入力する場合、読みが分かれば問題なく入力できますが、分からないと困ってしまいます。そのような場合は、手書きで漢字を直接書いて入力する方法があります。

手書きで漢字を入力する

1 [文字]パレットの をクリックします。

2 をクリックします。

3 手書き文字入力が起動するので、マウスのドラッグまたは指やタッチペンを使って漢字を直接書きます。

4 書き進めると、漢字の候補が徐々に絞り込まれていきます。

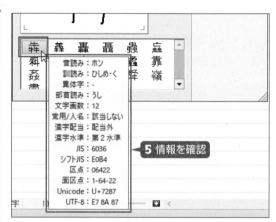

5 漢字にマウスポインターを合わせると、読みや画数などの情報を確認できます。

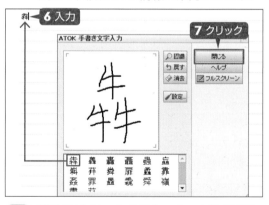

6 漢字をクリックすると、カーソル位置に入力されます。

7 閉じる をクリックして、手書き文字入力を終了します。

MEMO

タスクバーの あ を右クリックして、[ATOKメニュー]を選択し、[手書き文字入力]を選択しても起動できます。

100 カタカナ語英語辞書

入力したカタカナ語／日本語を英語に変換して入力したい

「おーしゃん（オーシャン）」→「Ocean」のようにカタカナ語を英単語に変換する機能が用意されています。また、「しんかんせん（新幹線）」→「bullet train」のように日本語を英単語に翻訳する機能もあります。英単語を効率的かつ正確に入力するのに便利です。

● カタカナ語を英語に変換する

1 「おーしゃん」と読みを入力します。

2 F4 キーを押すと「ocean」に変換されます。

3 もう一度 F4 キーを押すと候補ウィンドウが開き、「Ocean」「OCEAN」なども選択できます。

4 Enter キーを押して確定します。

● 日本語を英語に変換する

1 「しんかんせん」と読みを入力します。

2 F4 キーを押すと「bullet train」に変換されます。

3 もう一度 F4 キーを押すと候補ウィンドウが開き、「Bullet train」「Bullet Train」「BULLET TRAIN」なども選択できます。

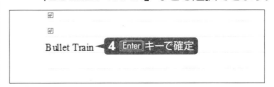

4 Enter キーを押して確定します。

101 英文レター文例集
日本語から英文レターを作りたい

「びょうき」「おれい」「おわび」などの読みを入力し、[Ctrl]＋[Tab]キーで連想変換候補を表示すると、[英文レター文例集] タブに、関連する英文の文章が表示され、素早く入力することができます。適切な英文が分からないときなどに活用したい機能です。

● お詫びに関する英文を入力する

1 「おわび」と入力します。

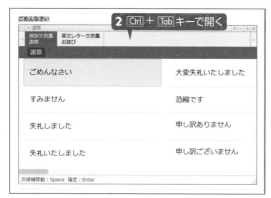

2 [Ctrl]＋[Tab] キーを押して連想変換の候補ウィンドウを開きます。

3 [Tab] キーを押して、[英文レター文例集]に切り替えます。

4 入力したい英文を選択します。

5 [Enter] キーを押して確定します。

HINT 英文の種類を選択する

[英文レター文例集] タブでは、「ご無沙汰のお詫び」「遅延のお詫び」など、種類ごとに英文が分類されています。種類はクリックして切り替えることができます。

102 日付をキーワードから入力
日付や時刻を簡単に入力したい

「きょう」や「あす」「らいねん」「にちじ」など、日付や時刻を表す言葉を入力し、通常の操作で変換すると、対応する日付・時刻に変換できます。ここでは、「きょう」と入力して今日の日付に変換・入力する方法を説明します。

● 「きょう」で今日の日付を入力する

1 「きょう」と入力します。

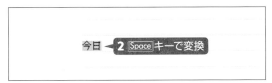

2 Space キーを押すと、「今日」に変換されます。

3 もう一度 Space キーを押して候補ウィンドウを開きます。

4 今日の日付の一覧が表示されるので、入力したい形式を選択します。

5 Enter キーを押して確定します。

西暦・和暦の変換

「2019 ねん」「れいわ 1 ねん」などと入力して Space キーを押すと、対応する西暦や和暦が候補として表示されます。この状態で Tab キーを押すと、候補を選択できます。

「2019 ねん」から「令和元年」に変換できます。

日付・時刻に変換できるキーワード

日付・時刻に変換できるキーワードは次のとおりです。

おとつい	おととい	いっさくじつ	きのう	さくじつ
きょう	ひづけ	ほんじつ	あした	あす
みょうにち	あさって	みょうごにち	にちよう	にちようび
げつよう	げつようび	かよう	かようび	すいよう
すいようび	もくよう	もくようび	きんようび	どよう
どようび	おととし	きょねん	ことし	らいねん
さらいねん	せんせんげつ	せんげつ	こんげつ	らいげつ
さらいげつ	じこく	いま	にちじ	

※「どよう」「どようび」などの曜日を入力した場合は、今週・来週の対応する日付に変換できます。

103 挨拶文例集
時候の挨拶をさっと入力したい

　取引先に送る文書や公式なリリース文書などでは、より正しく形式的な表現の文章が求められます。特に時候の挨拶は、慣れないとなかなか正しく書けないものです。ATOKを利用すれば、たとえば4月に出す文書に、4月にふさわしい時候の挨拶文を入力することが可能です。

● 適切な時候の挨拶文を入力する

1 「しがつ」と入力します。

2 Ctrl + Tab キーを押して連想変換候補のウィンドウを開きます。4月に適した時候の挨拶文が表示されます。

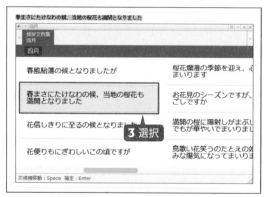

3 Space キーや矢印キーを押して入力したい時候の挨拶文を選択します。

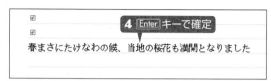

4 Enter キーを押して、挨拶文を確定します。

HINT 挨拶文例集を利用する

　時候の挨拶は「挨拶文例集」に収録されているデータです。「かんしゃ」「おれい」「けっこん」など、挨拶に関わるキーワードを入力してCtrl + Tab キーを押すと、関連する挨拶文を入力することができます。

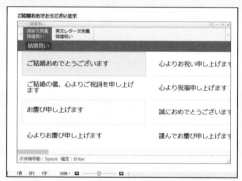

「けっこん」と入力して Ctrl + Tab キーを押しました。

「かんしゃ」と入力して Ctrl + Tab キーを押しました。

104 候補ウィンドウ拡大表示
候補ウィンドウの文字を大きく表示したい

「邊」と「邉」のように似た漢字を候補ウィンドウから選ぶ際、表示される文字が小さくて違いが分かりづらいことがあります。そのようなときは、候補ウィンドウの文字を大きく表示しましょう。なお、表示サイズを変更すると、以降の変換でも引き継がれます。

● 候補ウィンドウの文字を大きく表示する

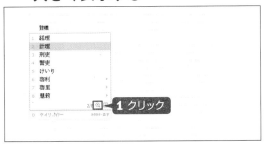

1 候補ウィンドウを開いたら、右下の [拡大表示]をクリックします。

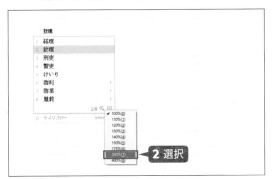

2 メニューが表示されるので、表示倍率を選択します。ここでは [200%] を選択します。

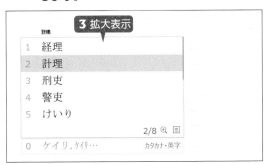

3 候補ウィンドウが拡大され、文字が大きく表示されます。

🖐 HINT 推測候補ウィンドウも拡大される

候補ウィンドウの文字を拡大すると、読みの入力中に表示される推測候補のウィンドウの文字も拡大されます。

MEMO

元の表示倍率に戻すには、手順 **2** で [100%] を選択してください。

🖐 HINT 一度に表示する候補の数を増やす

候補ウィンドウを開いた状態で `Ctrl` + `Space` キーを押すと、一度に表示する候補を最大30個まで増やせます。この状態では、上下左右のカーソルキーで候補を選択できます。もう一度、`Ctrl` + `Space` キーを押すと元に戻ります。

105 文字パレット

特殊記号や学術記号を入力したい

メニュー▶[ツール−入力設定−日本語入力のメニュー−文字パレット] ／ツールパレット▶[文字]パレット

ATOKの文字パレットを利用すると、通常の読みからは変換できない特殊な記号や学術記号などを入力することができます。目的の記号を読みから変換できない場合は、文字パレットを活用してください。

● 文字パレットで 特殊な記号を入力する

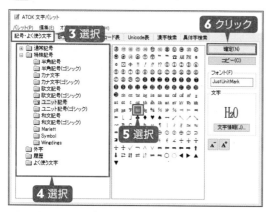

1 [文字]パレットの ![記号文字] をクリックします。

2 ![記号・文字] をクリックします。

3 ATOK 文字パレットが起動したら、[記号・よく使う文字]タブに切り替えます。

4 左側の[通常記号]や[特殊記号]のツリーで、記号の種類を選択します。

5 入力したい記号を選択します。

6 確定 をクリックします。

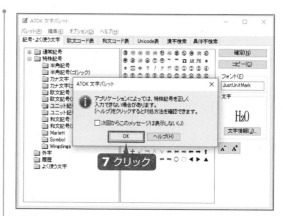

7 確認のメッセージが表示されたら OK をクリックします。

8 別の確認メッセージが表示されたら OK をクリックします。

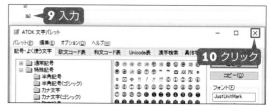

9 カーソル位置に記号が入力されます。

10 右上の X [閉じる]をクリックして文字パレットを閉じます。

106 先頭文字並べ替え
同じ文字から始まる候補に並べ替えたい

たとえば、人名の「正司」(せいじ) さんを入力するとき、「誠二」「成司」「清二」……などのさまざまな候補が表示されて、選択するのが大変なときがあります。このような場合、「正」で始まる候補だけを集めて表示することで、選びやすくする機能が用意されています。

● 先頭が同じ候補を集めて表示する

1 「せいじ」と入力します。

2 [Space]キーを押して変換します。

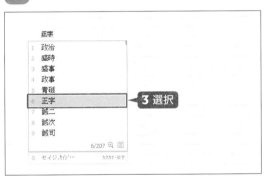

3 候補ウィンドウを開いたら、先頭が「正」の候補を選択します。

4 [Ctrl] + [Page Down]キーを押します。先頭が「正」で始まる候補が集められて、候補が並べ替えられます。

5 目的の候補を選択します。

6 [Enter]キーを押して確定します。

HINT 並べ替えのショートカットキー

候補ウィンドウが表示された状態では、以下のショートカットキーで候補を並べ替えられます。

・[Ctrl] + [Page Down]キー……先頭文字で並べ替え
・[Ctrl] + [Page Up]キー……末尾文字で並べ替え

HINT メニューで並べ替える

候補ウィンドウの 国[候補メニュー]をクリックしてメニューを開き、[先頭文字並べ替え]または[末尾文字並べ替え]を選択して並べ替えることもできます。

107 校正支援

ら抜き表現や慣用句の誤用を減らしたい

ATOKには、入力中の文章に誤りや望ましくない表現が含まれているとき、それを指摘して修正する「校正支援」機能が用意されています。ここでは、指摘にしたがって正しく修正する方法を説明します。

● ら抜き表現を修正する

1 「ここでたべれますか」と入力します。

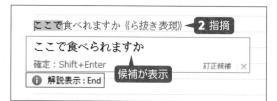

2 Space キーを押して変換します。すると、ら抜き表現であることが指摘されて、訂正候補が表示されます。

3 Shift + Enter キーを押して提示された候補に確定します。

● 慣用句・ことわざを修正する

1 「まとをえる」と入力します。

2 Space キーで変換します。すると、誤用であることが指摘されて、訂正候補が表示されます。

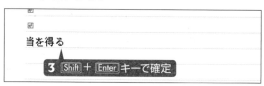

3 Shift + Enter キーを押して提示された候補に確定します。

MEMO

訂正候補が複数ある場合は、Tab キーを押すと候補を選択できる状態になります。選択して Enter キーを押すと、その候補を入力できます。

HINT 校正支援モードの設定

メニューの [ツール－入力設定－日本語入力のメニュー－校正支援モード] を選択すると、次の3つの校正支援モードを選択できます。

・指摘しない……校正支援を無効にする
・指摘する……校正支援を有効にする (チェックする項目は少ない)
・指摘する (強い)……校正支援を有効にする (より多くの項目をチェックする)

108 郵便番号辞書

郵便番号から住所を入力したい

郵便番号から対応する住所に変換できます。郵便番号をすべて覚えていなくても、その郵便番号で始まる候補が表示されるので安心です。住所録や顧客名簿などを作るとき、ぜひ活用したい機能です。

● 郵便番号から住所を入力する

1 郵便番号を入力します。

2 郵便番号を3桁+ハイフンまで入力すると、住所が推測候補として表示されます。

3 入力を続けると該当する候補が絞り込まれます。

4 [Shift] + [Enter] キーを押して住所を確定します。

MEMO

郵便番号を入力して[F3]キーを押しても、住所に変換できます。

HINT 郵便番号をすべて 覚えていない場合は?

郵便番号はすべて覚えていなくても問題ありません。途中まで入力して[Tab]キーを押すと、その番号で始まる住所が一覧表示されます。

「100-」まで入力したら[Tab]キーを押します。

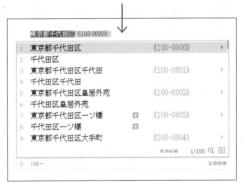

郵便番号が「100-」で始まる住所が一覧表示されます。

MEMO

この機能は、推測変換の[郵便番号の入力時に住所を表示する]がオンのときに有効です(初期設定ではオン)。

109 ATOK辞書ツール

旧バージョンのATOKで使っていた単語を引き継ぎたい

メニュー ▶ [ツール－入力設定－ ATOK辞書ツール]

　旧バージョンの ATOK辞書に登録されていた単語の情報を引き継ぐことができます。通常は、新しいバージョンをインストールするときに引き継げますが、インストール時に引き継がなかった場合や、別のパソコンで使っていた ATOKの辞書がある場合などに便利です。

● 辞書を合併する

1 メニューの [ツール－入力設定－ ATOK 辞書ツール] を選択します。

2 ATOK 辞書ユーティリティが起動したら、[ツール－辞書の合併] を選択します。

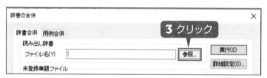

3 [辞書の合併] ダイアログボックスが開くので、[読み出し辞書] の [ファイル名] の 参照 をクリックします。

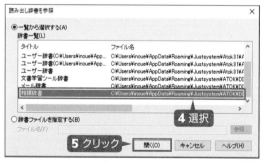

4 辞書を選択するダイアログボックスが表示されたら、辞書を選択します。

5 開く をクリックします。

6 実行 をクリックします。

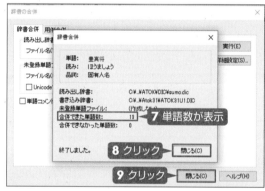

7 合併できた単語数が表示されます。

8 閉じる をクリックします。

9 続けて 閉じる をクリックしてダイアログボックスを閉じます。

10 指定した辞書ファイルに登録されていた単語が合併されます。確認したら右上の × [閉じる]をクリックして辞書ユーティリティを終了します。

一太郎2020 プラチナ
［35周年記念版］編

第2章では、「一太郎2020 プラチナ［35周年記念版］」に搭載の、ATOK連携電子辞典「大辞林4.0 for ATOK」、音声読み上げソフト「詠太10」、統合グラフィックソフト「花子2020」、PDFソフト「JUST PDF 4 ［作成・編集・データ変換］」、表計算ソフト「JUST Calc 4 /R.2」、プレゼンテーションソフト「JUST Focus 4 /R.2」、メールソフト「Shuriken 2018」についての機能を解説しています。

110 NEW! 電子辞典検索
変換中の言葉の意味を大辞林で調べたい

ATOK連携辞典として、三省堂の国語辞典「大辞林4.0 for ATOK」（以下、大辞林）が「一太郎 2020 プラチナ［35周年記念版］」に搭載されました。ATOKで変換中の言葉の意味を、現代語に強い辞典の最新版で調べることができます。確かな日本語の文書作成に役立ちます。

● 候補ウィンドウの候補の意味を調べる

しんしゅつ|◀ **1** 入力

1 「しんしゅつ」と入力します。

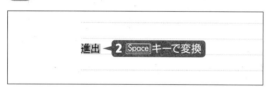

進出 ◀ **2** Space キーで変換

2 Space キーを押して変換します。「進出」と変換されます。

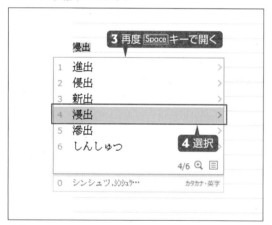

3 再度 Space キーで開く

浸出

1	進出	＞
2	侵出	＞
3	新出	＞
4	浸出	＞
5	滲出	＞
6	しんしゅつ	

4 選択

4/6

0 シンシュツ, シンシュッ…　　　カタカナ・英字

3 もう一度 Space キーを押して候補ウィンドウを開きます。

4 Space キーを何回か押して「浸出」を選択します。

MEMO
表示される候補の順番は、ATOK の学習状態によって異なります。

5 意味が表示

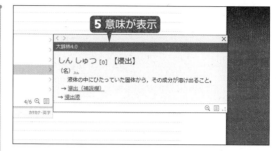

大辞林4.0

し ん しゅつ [0] 【浸出】
（名）スル
液体の中にひたっていた固体から、その成分が溶け出ること。
→ 浸出（補説欄）
→ 浸出液

4/6

カタカナ・英字

5 情報ウィンドウが開いて、大辞林で意味が表示されます。

HINT 同音語情報と電子辞典の情報

候補ウィンドウでは、候補の右側にマークが表示されます。マークの意味は次のとおりです。なお、何も表示されない場合は、情報ウィンドウに表示する情報がないことを意味します。

▶ 同音語情報があることを意味します。選択して少し待つと、同音語情報のウィンドウが開き、単語の意味や使い方の説明が表示されます。

＞ 電子辞典の情報があることを意味します。選択して少し待つと、電子辞典のウィンドウが開きます。

＞＞ 同音語と電子辞典の両方の情報があることを意味します。選択して少し待つと、両方のウィンドウが開きます。

MEMO
手順 **1** で Space キーを 1 回押して目的の候補に変換された場合は、続けて End キーを押すことで、すぐに情報ウィンドウを開くことができます（130 ページ参照）。

電子辞典のウィンドウの操作

電子辞典のウィンドウを広げたい場合は、右下をドラッグして拡大できます。また、ウィンドウ右下の [拡大表示] から、文字を拡大表示することもできます。カラー・モノクロの図版、音声データなども収録されており、直感的に理解を深められます。

ウィンドウを広げたい場合は右下をドラッグ。

音声データが収録されている場合は、クリックすると再生されます。

[拡大表示]をクリックすると、文字の表示倍率を変更できます。画面は表示倍率を 150%にしています。

関連項目を調べる

大辞林のウィンドウには、関連する項目がリンクとして表示されます。クリックすると、その項目について調べることができます。

↓

「仄か」の情報を大辞林で表示。類語などの関連するさまざまな項目を調べることができます。

情報ウィンドウの表示／非表示／タブの切り替え

情報ウィンドウが開いた状態では、次のキー操作で、表示／非表示の切り替えやタブの切り替えができます。

・Shift＋End キー……情報ウィンドウを閉じる
・End キー……情報ウィンドウを開く（情報ウィンドウが閉じているとき）
・End キー……情報ウィンドウを順番に切り替える（情報ウィンドウが開いているとき）

111 NEW! 電子辞典検索

調べたい言葉を入力して、すぐに大辞林で調べたい

大辞林には、新語・新語義、学術・科学用語など、現在の社会・文化を映す、26万9千項目が収録されています。調べたい言葉があるときは、候補ウィンドウを開かないで、直接調べることもできます。ここでは、「大久保利通」について調べる方法を説明します。

● 大辞林で「大久保利通」について調べる

1 「おおくぼとしみち」と入力します。

2 Space キーを押して「大久保利通」に変換します。

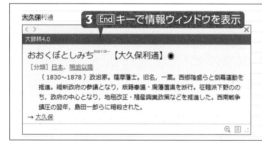

3 End キーを押して情報ウィンドウを表示し、「大久保利通」を調べます。

MEMO

手順 **2** で目的の候補に変換できなかった場合は、さらに Space キーを押して候補ウィンドウを表示し、目的の候補を選択します（128 ページ参照）。

HINT 大辞林の分類、大分類

大辞林の情報ウィンドウに「分類」の項目が表示されている場合は、クリックすることで、分類の情報から項目を調べることができます。

「大久保利通」の表示にある「分類」の「日本」をクリックした画面。日本の人名を調べられます。

「大久保利通」の表示にある「分類」の「明治以降」をクリックした画面。明治以降の日本の人名を調べられます。

112 NEW! ATOKイミクル

ATOKイミクルを使って文書中の言葉を大辞林で調べたい

　一太郎で文書作成中や Web ページの閲覧中に調べたい言葉がある場合は、入力されている言葉を選択して [Ctrl] キーを2回押すことで、ATOKイミクルというツールを起動して大辞林を呼び出し、言葉の意味を調べることができます。

一太郎の文書中の言葉を大辞林で調べる

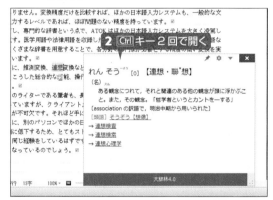

1 一太郎の文書中で調べたい言葉を選択します。

2 [Ctrl] キーを2回押すと、電子辞典のウィンドウが開き、大辞林で意味が表示されます。

MEMO

・ATOK イミクルのウィンドウはマウスポインターのある位置に開きます。

・ATOK プロパティの［電子辞典検索］タブで［電子辞典を検索する］がオンになっている必要があります。

 ATOKイミクルを先に起動して調べる

言葉を選択しないで [Ctrl] キーを2回押すと、ATOK イミクルが単独起動します。この状態で検索ボックスにキーワードを入力して [Enter] キーを押すと、その言葉の意味を調べることができます。

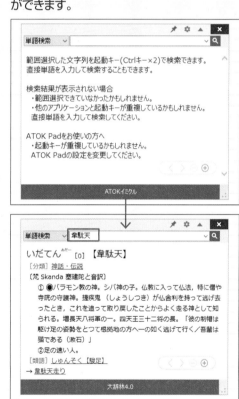

113 NEW! 辞書引きツールパレット

辞書引きツールパレットを使って単語の意味を調べたい

🔲 ／ツールパレット▶辞書引きツールパレット

　ここまでに紹介したように、どのアプリケーションの作業中でも、ATOKを使っているときに大辞林を利用できます。一太郎での文書作成中なら、辞書引きツールパレットを利用して意味を表示することもできます。編集画面を隠さずに作業したいときなどに便利です。

● 辞書引きツールパレットを表示する

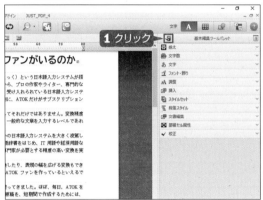

1 基本編集ツールパレットの 🔲 [辞書引きツールパレット表示] をクリックします。

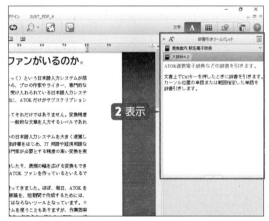

2 大辞林など、辞書引きツールパレットが表示されます。利用できる辞書が表示されます。

● 単語の意味を表示する

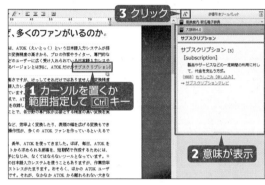

1 意味を表示したい単語にカーソルを置くか範囲指定して、Ctrl キーを押します。

2 辞書引きツールパレットの各辞書のパレットに、単語の意味が表示されます。

3 A° [戻る] をクリックすると、基本編集ツールパレットに戻ります。

> **HINT 基本編集ツールパレットに [辞書引き] パレットを表示**
>
> ▣ [メニュー] をクリックして [オプション] を選択すると開くダイアログボックスで、[利用可能なパレット] から [辞書引き] を選択して 追加 をクリックすることで、基本編集ツールパレットに [辞書引き] パレットを追加できます。

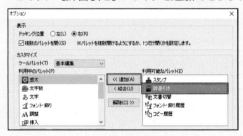

114 NEW! 話者の切り替え

好みの話者に切り替えたい

メニュー▶[アドイン-詠太]／

音声読み上げソフト「詠太（えいた）」には、話者は日本語3人、英語1人が用意されており、「会話文」と「地の文」を別の話者で読み分けたり、日本語話者と英語話者を切り替えたりできます。詠太10では、明瞭で聞き取りやすい日本語女性話者「RISA」が採用されています。

話者を切り替える

1 ツールバーの [詠太] をクリックして起動します。

2 設定パネルの RISA（日本語） の部分をクリックします。

3 別の話者を選択します。ここでは [MISAKI（日本語）] を選択しています。

MEMO

読み上げ設定パネルが開いていない場合は、 [読み上げ設定] をクリックします。

読み上げを開始する

1 [読み上げ開始] ボタンをクリックすると、カーソル位置の文章から読み上げを開始します。読み上げている範囲がハイライトで表示されます。

MEMO

[進む] をクリックすると、今読み上げているセンテンスの次のセンテンスに移動します。 [戻る] をクリックすると、読み上げ中の文章を最初から読み上げ直します。読み上げ開始後すぐ（2秒以内）の場合は、1つ前のセンテンスに移動します。 [先頭に戻る] をクリックすると、最初のセンテンスに戻ります。

読み上げを停止する

1 [停止] ボタンをクリックします。

115 会話文を読み分ける
「会話文」と「地の文」を読み分けたい

　一太郎で文書を読み上げるときに、「会話文」と「地の文」を違う話者で読み分けることができます。小説などの物語で、登場人物の台詞部分と語り手部分とのバランスやコントラストの確認に役立ちます。

● 「会話文」と「地の文」を読み分ける

1 **選択**

1 設定パネルの AKIRA（日本語） の部分をクリックして、「地の文」の話者を選択します。

4 **クリック**
2 **オン**　3 **選択**

2 ［会話文を読み分ける］のチェックをオンにします。

3 会話文の話者を選択します。

4 ▶ ［読み上げ開始］ボタンをクリックして読み上げを開始します。

MEMO

⏱ ［読み上げ時間計測］をクリックすると読み上げた時間を計測できます。スピーチやプレゼンなど、時間の決まった原稿を読み上げるときの目安にできます。

間を設定する

読点や句点、記号でとる間をそれぞれ5段階で設定できます。

設定パネルで 間の設定 をクリックします。

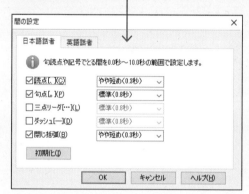

読点や句点、記号などをそれぞれ設定します。短め（0.1秒）、やや短め（0.3秒）、標準（0.8秒）、やや長め（1秒）、長め（1.5秒）の5段階から選択できます。

116 英文を読み分ける
「日本語文」と「英文」を読み分けたい

　日本語文と英文に応じて、日本語話者と英語話者を自動的に切り替えることができます。英語話者は、ネイティブな発音で音読します。たとえば英語のスピーチ文を作成し、発音の参考にしたいときなどに英語話者の読み上げで確認できます。

● 「日本語文」と「英文」を読み分ける

1　設定パネルの［英文を読み分ける］のチェックをオンにします。

2　［読み上げ開始］ボタンをクリックして読み上げを開始します。

3　日本語部分は「AKIRA」（設定している話者）が、英語部分は「JULIE」が読み上げます。

(HINT) 再生スピードを変更する

再生スピードのスライドバーを左側にドラッグすると遅く、右側にドラッグすると速くなります。英文の音読が速すぎて理解しづらい、などの場合は「遅く」に設定すると、ゆっくり読み上げてくれるので理解しやすくなります。

(HINT) 声のトーンを変更する

声のトーン（高低）を3段階で調整できます。同じ話者でもトーンを変えると、「明るい声」「落ち着いた声」というように、声の印象が変わります。聞き取りやすいトーンを選択できます。

117 指摘個所を含む文章を読み上げ

一太郎の文書校正機能と連携したい

ツールパレット ▶ [校正]パレット

　校正結果の指摘個所だけを順次読み上げたり、指摘個所を含む文章だけをピックアップして読み上げたりなど、効果的な校正作業を実現できます。ほかの作業も進行しながら、指摘個所を聞いて確認する、といったことが可能です。

● 指摘個所を読み上げる

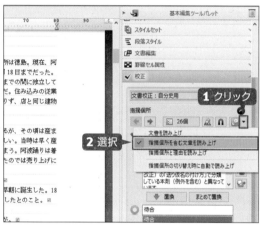

1 文章の校正を実行します。[校正] パレットに [指摘個所を含む文章を読み上げる] が表示されるので、右横の ▼ をクリックします。

2 [指摘個所を含む文章を読み上げ] を選択します。

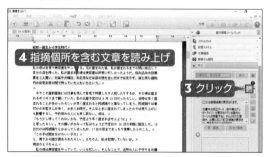

3 [指摘個所を含む文章を読み上げる] をクリックします。

4 カーソル位置から文書末に向かって、文書校正で指摘があった文章のみを順次読み上げます。

 その他の設定

・文書を読み上げ
詠太の [読み上げ開始] ボタンをクリックしたときと同じ動作です。

・指摘個所と理由を読み上げ
指摘個所の文字列と指摘理由だけを順次読み上げていきます。同時に指摘個所にカーソルが移動し、ツールパレットの表示内容が切り替わります。

・指摘個所の切り替え時に自動で読み上げ
設定がオンの場合は、ツールパレットに表示している指摘内容が変更されたときに、指摘理由を読み上げます。

 固有名詞などの単語を登録する

固有名詞や専門用語などを登録できます。発音は、カタカナと「^」「/」が使用可能です。「^」は、アクセントを付ける文字(強く発音する音)の後ろに付けます。「/」は、合成語などの単語と単語の境界に挿入します。

[辞書作成ツール] をクリックしてダイアログボックスを開きます。[追加] をクリックし、単語を追加します。

118 どこでも詠太
クリップボードの文字を自動で読み上げたい

文字列がコピーされ、クリップボードに積み込まれたときに、自動でその文字列を読み上げる機能が「どこでも詠太」です。タスクバーの通知領域に表示される常駐型アプリケーションで、一太郎以外でも、コピーするだけで詠太の読み上げ機能を利用できます。

● コピーされた文章を読み上げる

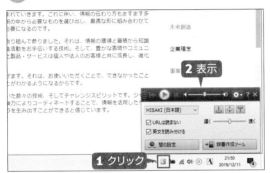

1 タスクバーの通知領域の ▣ ［どこでも詠太］をクリックします。

2 操作パネルが表示されます。

MEMO

アイコンがグレーから水色になれば利用可能です。アイコンが表示されていない場合は、 ∧ をクリックすれば現れます。

3 Web やそのほかのソフトから文字をコピーします。

4 読み上げが開始されます。

HINT　単独で「詠太」を利用するには

Windows のスタートメニューから［JustSystems ツール＆ユーティリティー JustSystems ツール＆ユーティリティ］を選択し、開く画面で［詠太－詠太］を選択します。

↓

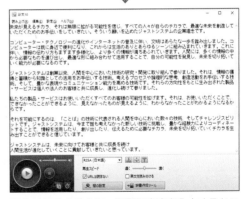

詠太が起動するので、画面に文字を入力するかコピーして貼り付けるかすると、詠太を単独で利用できます。

119 数値コマンド入力

数値で指定して図形を描きたい

「花子2020」は、直感的な操作性でイメージを表現できる統合グラフィックソフトで、一太郎との連携機能も備えています。設計図のように正確な図面を作成するときは、図形の座標やサイズを数値で指定する「数値コマンド入力」を利用すると効率的です。

● 数値コマンド入力で長方形を描く

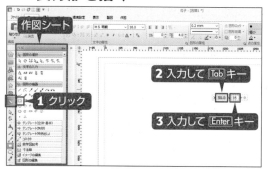

1 [作図] シートの [図形の描画] で、□ [長方形] をクリックします。

2 図形の始点を指定します。「X」欄に数値が入力できる状態になるので、横方向の始点の位置を入力して Tab キーを押します。

3 「Y」欄に縦方向の始点の位置を入力して Enter キーを押します。

4 表示が「dX」欄と「dY」欄に変わるので、ここで大きさを指定します。「dX」欄に、始点からの横方向の距離を入力して Tab キーを押します。

5 「dY」欄に、始点からの縦方向の距離を入力して Enter キーを押します。

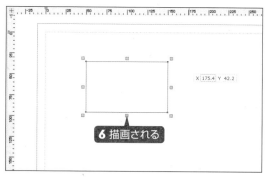

6 指定した位置に、指定した大きさの長方形が描画されます。

HINT 印字領域の左上が原点

図形の始点として「X」と「Y」に入力する数値は原点からの距離であり、初期設定では用紙の印字領域の左上からの距離（mm）です。印字領域は、図面上では点線で表示されています。なお、ルーラー左上の ⊹ [原点移動] をドラッグ&ドロップすると、任意の位置に原点を指定できます。

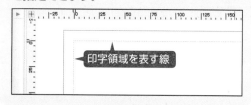

MEMO

数値コマンド入力を無効にして、ウィンドウを非表示にするには、[製図] タブの [数値コマンド入力] の ▼ をクリックし、[有効にする] をオフにします。Ctrl + D キーでも、有効／無効を切り替えられます。本書では、次ページ以降は数値コマンド入力を無効にして作図しています。

120 文字付き図形

図形の中に文字を配置したい

「文字付き図形」は図形に文字を配置したものです。タイトルや図解など、さまざまなシーンで利用できます。図形の中の、文字の位置を指定することもできます。

● 図形に文字を入力する

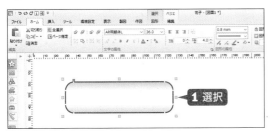

1 図形を選択します。

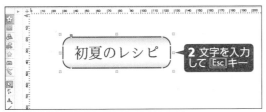

2 文字を入力し、Esc キーを押して文字枠を閉じます。

MEMO

描画した図形に文字を入力する場合、数値コマンド入力のウィンドウが表示されていると、文字が数値コマンド入力の入力欄に表示される場合があります。そのようなときはEsc キーを押して文字入力をキャンセルし、さらにもう一度 Esc キーを押して、数値コマンド入力を一時的に解除します。
数値コマンド入力の機能を無効にするにはCtrl + D キーを押します。

MEMO

文字色や文字サイズを変更するには、図形が選択されている状態で、クリップウィンドウのフォントパレットなどから設定します。

 [文字枠編集]タブで設定

文字付き図形の作成直後、リボンに [文字枠編集] タブが表示されます。これは、文字枠を選択したときに表示されるタブです。ここから文字付き図形の解除や、文字についての設定ができます。

 図形と文字との位置関係を変更する

クリップウィンドウの [編集] タブに配置されている文字付き図形パレットでは、図形に対する文字枠の配置やマージンなどについての設定ができます。[文字枠編集] タブの [文字付き図形] をクリックしても同じ設定ができます。

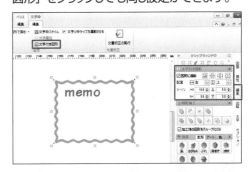

121 アレイ図

図形を規則正しく並べたい

　アレイ図の機能を使うと、図形を縦と横に規則正しく複写できます。パターン模様や座席表など、同じ図形を数多く整然と並べたいときに便利です。

図形を縦横に複写する

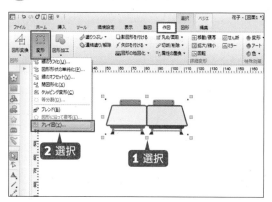

1 複写元となる図形を選択します。

2 [作図] タブの [変形－アレイ図] を選択します。

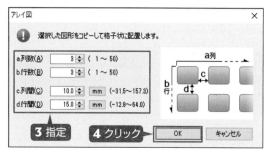

3 [アレイ図] ダイアログボックスで、複写したい列数と行数、列の間隔と行の間隔を指定します。

4 OK をクリックします。

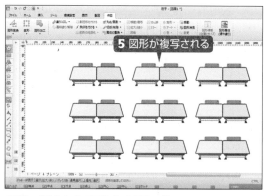

5 指定した回数と間隔で複写されます。

HINT 列間・行間の指定

列間と行間を「0」にすれば、隙間なく複写できます。マイナスの数字を指定すれば、元図と複写した図を重ねて複写できます。

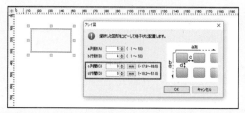

列間と行間を「0」に指定します。

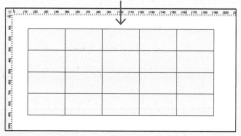

隙間なく図形が複写されます。

122 位置合せ
複数の図形の位置をそろえたい

すでに配置した複数の図形の位置をそろえるには、「位置合せ」の機能を使います。図形同士の位置や間隔を正確にそろえることができます。

図形の位置を上下中央にそろえる

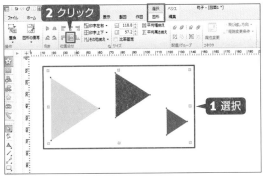

1 位置をそろえたい図形をすべて選択します。

2 ［選択図形］タブの [上下中央揃え] をクリックします。

MEMO

［選択図形］タブは、図形を選択したときに表示されます。

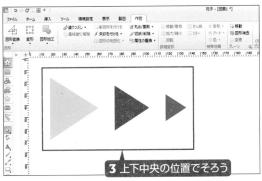

3 すべての図形が、上下中央にそろいます。

そのほかのそろえ方

図形を等間隔に配置したいときや、印字領域に対して中央に移動したいときなどは、［選択図形］タブの［その他揃え］をクリックして、目的に合うものを選択します。また、クリップウィンドウの［属性］タブにある位置合せパレットを利用して、位置をそろえることもできます。

延長線スナップのガイドに合わせて図形を配置

図形の移動中や描画中などに、グレーの線が表示されることがあります。これは、「延長線スナップ」のガイドで、マウスポインターを近くの図形の延長線上に合わせるためのものです。このガイドを利用して、ほかの図形の四隅や中心と位置を合わせて図形を配置できます。

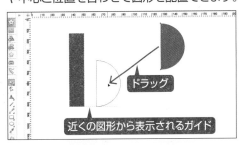

123 図形の選択

グループ化した図形の一部を選択したい

グループ化した図形は、そのうちの特定の図形だけを選択して編集することができます。この方法を利用すれば、いちいちグループ化を解除して編集し、グループ化し直す、という手間はかかりません。

● グループ内の特定の図形だけを選択する

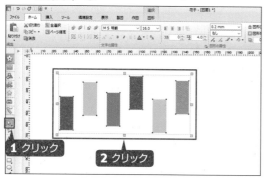

1 クリック

2 クリック

1 シンプルツールバーの [図形の選択（拡大／縮小）] をクリックします。

2 グループ化された図形をクリックして選択します。

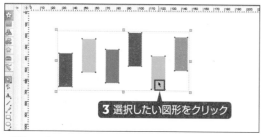

3 選択したい図形をクリック

3 グループ内の特定の図形をクリックします。

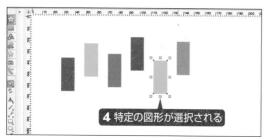

4 特定の図形が選択される

4 グループを解除することなく特定の図形を選択できます。

HINT グループ化とグループ解除

グループ化は複数の図形を1つのグループとしてまとめて扱えるようにする機能です。[グループ化] や [グループ解除] は、[ホーム] タブまたは [選択図形] タブにあります。

HINT そのほかの選択方法

ここでは、シンプルツールバーの [図形の選択（拡大／縮小）] で特定の図形を選択する方法を紹介しました。グループ解除をせずに特定の図形を選択するには、次の方法もあります。

・[Shift] キーを押しながらクリックする
・マルチコンテンツウィンドウの [作図] シートにある [図形の選択（グループ内選択）] でクリックする

どちらの方法も、先にグループ全体を選択する必要はありません。

[図形の選択（グループ内選択）]

124 選択部品の縮尺で呼出
部品をいつも100%の大きさで呼び出したい

マルチコンテンツウィンドウから挿入した部品を拡大／縮小したり回転したりすると、次に呼び出す部品も同じ縮尺、回転角で挿入されます。この設定を切り替えて、登録時の大きさで呼び出すことができます。

● 挿入時の縮尺の オン／オフを切り替える

図形を挿入し、拡大縮小して回転します。

1 拡大縮小し、回転
2 図形の縮尺が変更される

1 図形を挿入し、拡大縮小して回転します。

2 縮小率や回転角の表示が変わります。

3 挿入
4 クリック

3 挿入した図形の選択を解除し、新たに図形を挿入します。先に挿入した図形と同じ縮尺、角度で挿入されます。

4 ［選択部品の縮尺で呼出］をクリックしてオフにします。

> #### MEMO
> ［選択部品の縮尺で呼出］はマルチコンテンツウィンドウの［部品］シート、［基本図形］シート、［テンプレート図形］シートに用意されています。初期設定はオンの状態です。

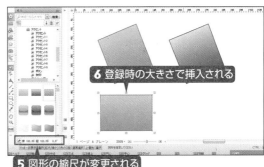

6 登録時の大きさで挿入される
5 図形の縮尺が変更される

5 に変わり、縮尺が100%、回転角が0.0°になります。

6 新たに図形を挿入します。前回の図形と同じ縮尺ではなく、登録時の大きさ、角度で挿入されます。

HINT 23,000点以上の部品を収録

マルチコンテンツウィンドウの［部品］シートには、長方形や円などの基本的な図形から、さまざまなシーンで使えるイラストなどが部品として登録されています。花子2020では掲示物や学級新聞、イベントポスターなどに使いやすいイラストがさらに増え、23,000点以上の部品が登録されています。イベントの部品では、文字を入力し直して使えるタイプのものもあります。

125 グラデーション塗り
図形を虹色のグラデーションで塗りつぶしたい

図形にはグラデーション塗りを設定することができます。グラデーションに色を追加し、虹のように多色を使ったパターンを作成することができます。

グラデーションに色を設定する

1 図形を選択し、クリップウィンドウの［属性］タブをクリックして、カラースタイルパレットの［塗り］シートの □［グラデーション塗り］をクリックします。

2 グラデーションパターンの ∨ をクリックし、グラデーションパターンを選択します。

3 グラデーションバーの「0」の色のポイントが ▼ になっていることを確認します。

4 カラーパレットから色を選択します。

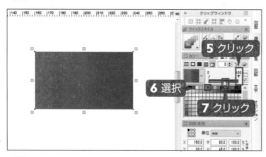

5 グラデーションバーの「100」の色のポイントの ⁄ をクリックして ▼ にします。

6 カラーパレットから色を選択します。

7 グラデーションバーをクリックします。

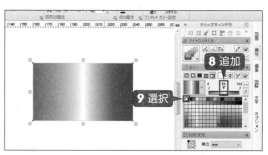

8 色のポイント（ ▼ ）が追加されます。

9 カラーパレットから色を選択します。

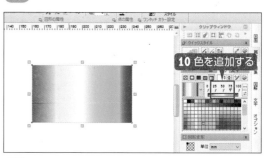

10 同様に色を追加して、多色のグラデーションを作ることができます。

MEMO

⊢⊣［均等］をクリックすると、グラデーションの色を均等に配置できます。追加した色を削除するには、削除したい色のポイント（ ▼ または ⁄ ）を右クリックします。

MEMO

シンプルツールバーや、マルチコンテンツウィンドウの［作図］シートの［図形の編集］グループにある ✐［スポイト］を使うと、図形に設定した塗り色や線種などの属性を別の図形にコピーできます。属性のコピー先の図形を選択し、コピー元の図形の属性をクリックします。スポイトで吸い取るイメージです。

126 テクスチャ塗り

図形を質感のあるデータで塗りつぶしたい

鉱石や布、木材などの質感のあるデータで図形を塗りつぶすことができます。ドットやボーダーなど、パターンで塗りつぶすこともできます。

テクスチャで塗りつぶす

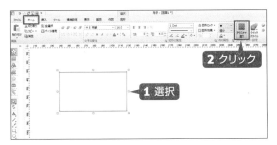

1 図形を選択します。

2 ［ホーム］タブの［テクスチャ塗り］をクリックします。

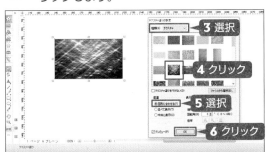

3 ［テクスチャ塗りの設定］ダイアログボックスの［種類］で、［テクスチャ］を選択します。

4 一覧から塗りつぶしたいテクスチャをクリックします。

5 ［配置］で［図形に合わせる］を選択します。

6 OK をクリックすると、図形がテクスチャ素材で塗りつぶされます。

MEMO

テクスチャ塗りを解除するには、［テクスチャ塗りの設定］ダイアログボックスの［テクスチャ塗りを付けない］をオンにします。

パターンで塗りつぶす

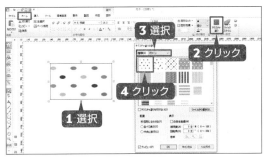

1 図形を選択します。

2 ［ホーム］タブの［テクスチャ塗り］をクリックします。

3 ［テクスチャ塗りの設定］ダイアログボックスの［種類］で［パターン］を選択します。

4 一覧から塗りつぶしたいパターンをクリックします。

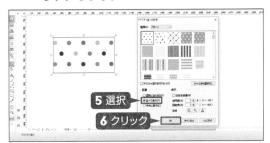

5 ［配置］で［並べて表示］を選択します。

6 OK をクリックすると、図形がパターンで塗りつぶされます。

MEMO

［配置］や［回転角］を変更すると、同じ画像でも印象が変わります。

127 領域で塗りつぶす

図形の一部を塗りつぶしたい

図形を重ねることでできた領域を指定して、色を付けることができます。教材やプレゼン資料の図などに便利に使える機能です。図形は塗りのない状態にしておくとスムーズに操作できます。

● 領域を指定して塗りつぶす

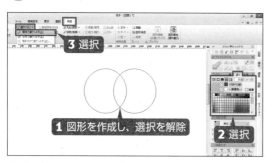

1 塗りのない、線のみの図形を作成し、図形以外の場所をクリックして選択を解除します。

2 領域を塗りつぶす色を設定します。カラースタイルパレットの [塗り] シートで塗り方を選択し、カラーパレットから色を選択します。

3 [作図] タブの [塗りつぶし－領域で塗りつぶす] を選択します。

MEMO

領域を塗りつぶす色として、ここではパターン塗りを指定しています。一覧からパターンを選択し、 パターン色 をクリックしてパターンの色を、 背景色 をクリックして背景の色を選択します。

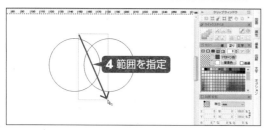

4 塗りつぶしたい範囲が含まれるように、ドラッグして範囲を指定します。

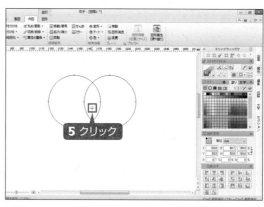

5 塗りつぶしたい領域をクリックします。

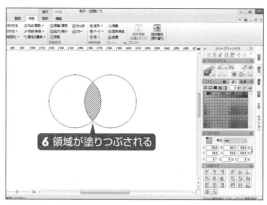

6 領域が塗りつぶされます。

MEMO

カラースタイルパレットの ☒ [塗りなし] をクリックすると、図形の塗りを解除できます。[ホーム] タブの [図形の属性] グループにある ◇・ [塗り色] をクリックし、[塗りなし] を選択しても同様です。

128 回転

花びらを複写して花を描きたい

花びらを1枚描き、回転させるように複写すれば、花のイラストが手軽に作成できます。花びらはハート型や楕円などを変形させて作ることができます。

図形を回転しながら複写する

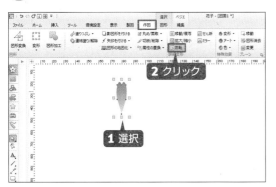

1 元図となる図形を選択します。

2 [作図] タブの [回転] を選択します。

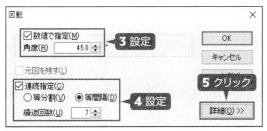

3 [回転] ダイアログボックスで [数値で指定] をオンにし、[角度] を指定します。

4 [連続指定] をオンにして複写の方法を選択し、[繰返回数] を設定します。

5 [詳細] をクリックします。

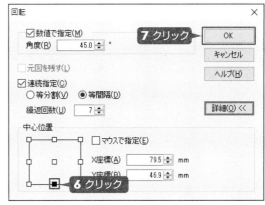

6 [中心位置] で、回転の中心にする位置をクリックします。

7 [OK] をクリックします。

> **MEMO**
>
> ここでは回転の中心を、図形の下部中央に指定しています。[マウスで指定] をオンにすると、図面上の自由な位置をクリックして、回転の中心を指定することができます。

8 指定した位置を中心に回転しながら、指定した方法と角度で図形が複写されます。

129 ドロップシャドウ

図形に影を付けたい

図形に影を付けるには、図形効果の「ドロップシャドウ」を利用します。影の方向や色なども、詳細に指定できます。

● ドロップシャドウを付ける

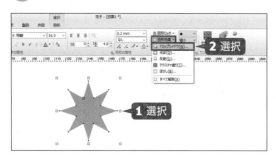

1 図形を選択します。

2 [ホーム] タブの[図形効果－ドロップシャドウ] を選択します。

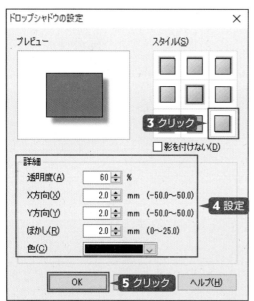

3 [スタイル] で、設定したいスタイルをクリックします。

4 [詳細] で、影についての設定をします。

5 OK をクリックします。

6 ドロップシャドウが設定されます。

 ドロップシャドウを解除する

図形を選択し、[ドロップシャドウの設定] ダイアログボックスで [影を付けない] をオンにすると、ドロップシャドウを解除できます。また、複数設定した図形効果を一度に解除できる [ホーム] タブの [図形効果－すべて解除] を選択しても同様です。

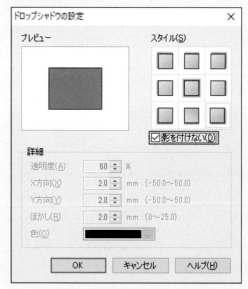

130 置換

別の図形に置き換えたい

置換の機能を使えば、図形の位置を入れ替えたり、別の図形に置き換えたりすることができます。描き直す手間も必要ありません。

2つの図形の位置を入れ替える

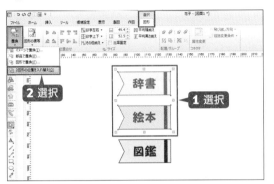

1 入れ替えたい2つの図形を選択します。

2 [選択図形]タブの[置換−2図形の位置を入れ替え]を選択します。

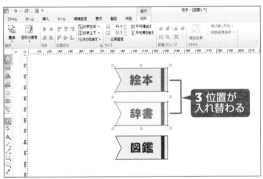

3 選択した図形の位置が入れ替わります。

MEMO

同じ形状の図形の場合は位置がずれることなく入れ替えられるので、家系図やトーナメント表の修正などにも便利です。

別の図形に置き換える

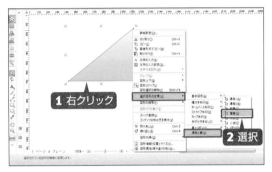

1 別の図形に置き換えたい図形を右クリックします。

2 表示されるメニューから[選択図形の変更]を選択して、サブメニューから置き換えたい図形を選択します。ここでは[爆発−横巻]を選択しています。

3 選択した図形が、別の図形に置き換わります。

MEMO

[選択図形の変更]を使うと、線幅や塗り色などの属性はそのままに、形状だけを変更できます。

※合成図形など、属性が引き継がれない場合があります。

131 寸法線

寸法線を描きたい

図形の寸法を表示するには、寸法線の機能を使います。数値は描画された図形のサイズに基づいて自動で表示することもできますが、手入力することもできます。

寸法線の設定をする

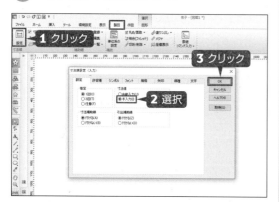

1. [製図] タブの [設定] をクリックします。

2. [寸法線設定 (入力)] ダイアログボックスの [寸法値] で [手入力] を選択します。

3. OK をクリックします。

水平寸法線を描く

1. マルチコンテンツウィンドウの [作図] タブで [寸法線] を表示します。

2. [水平寸法線] をクリックします。

3. 寸法線を付けたい辺をクリックします。

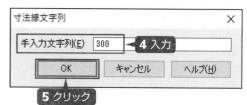

4. [寸法線文字列] ダイアログボックスの [手入力文字列] に寸法値を入力します。

5. OK をクリックします。

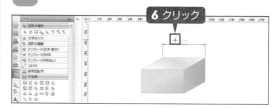

6. 寸法線が表示されます。寸法線を描く方向を決めてクリックします。

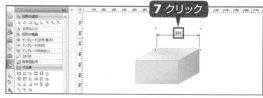

7. 寸法値を表示する枠を左右にドラッグし、位置を決めてクリックすると寸法線が配置されます。

MEMO

Shift キーを押しながら寸法値の枠をクリックすると、寸法線の中央に配置できます。

MEMO

あとから寸法線の設定を変更するには、寸法線を選択してから [製図] タブの [設定] をクリックします。文字位置や文字の向き、文字サイズやフォントも変更できます。

132　横組文字枠作成
一定の文字数で折り返したい

　決められたスペースに文章を入力するときは、折り返す位置を設定した文字枠を作成します。長い文章の場合は新聞や雑誌のように段組にすると、読みやすくなります。

● 文字枠を作成する

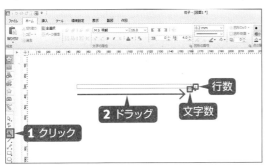

1 シンプルツールバーの ![A] [横組文字枠作成] をクリックします。

2 折り返したい文字数になるまでドラッグして、文字枠を作成します。

> **MEMO**
>
> ここでは横方向だけにドラッグして文字数のみを決め、行数は「0」としています。これは一定の文字数で折り返して行方向にだけ広がる「行自由」の文字枠です。

3 文字を入力し、Esc キーを押して文字枠を閉じます。

HINT　あとから文字数を変更する

折り返す文字数は、あとから変更できます。まず、文字枠を表示するために、文字列にマウスポインターを合わせてクリックします。文字枠が点線で表示されたら、右上端の □ にマウスポインターを合わせ、ドラッグして折り返す文字数を変更します。

文字枠をクリックし、もう一度クリックして文字枠を開きます。

ドラッグして文字数を変更します。

HINT　段組を設定する

文章量の多い図面は、新聞や雑誌のように段を組むと読みやすくなります。段組は、文字枠を選択すると表示される [文字枠編集] タブの [文字枠スタイル] から設定します。

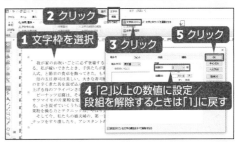

133 UP↗ フォントパレット

フォントのイメージを確認しながら設定したい

文字にフォントを設定するには、フォントパレットが便利です。花子 2020 からクリップウィンドウに搭載されたフォントパレットではフォントがグループ分けされていて、目的のフォントを素早く探すことができます。プレビューでイメージを確認しながら設定できます。

● フォントを設定する

1 文字枠を選択します。

2 クリップウィンドウの [文字] タブをクリックします。

3 フォントパレットで、プレビュー をクリックします。

4 フォントの種類の ✔ をクリックして展開します。

5 フォントにマウスポインターを合わせると、プレビュー表示されます。フォントをクリックすると、文字に適用されます。

MEMO

カラーパレットの色にマウスポインターを合わせると、色も文字枠にプレビュー表示され、確認できます。

HINT フォントをお気に入りに登録する

よく使うフォントはお気に入りに登録しておくと、次回、設定するときに [お気に入り] から素早く設定できます。

登録したいフォントの☆をクリックします。

[お気に入り−絞り込み] を選択すると、お気に入りに登録したフォントが一覧表示されます。

MEMO

クリップウィンドウの [属性] タブにあるカラースタイルパレットでも、フォントや文字色、文字サイズの設定ができます。縦組への変更や、字間や行間に関する編集などもカラースタイルパレットで行えます。

※表示されるフォントは、お使いのパソコンの環境によって異なります。

134　ふりがな

ふりがなをふりたい

一太郎で文書中の文字列にふりがなをふるのと同じように、花子でも、文字枠の中の漢字すべてにふりがなをふったり、指定した文字列だけにふったりすることができます。ふりがなは、文字枠を選択すると表示される［文字枠編集］タブから設定します。

● 指定した文字列だけに　ふりがなをふる

1 文字枠を選択し、もう一度文字枠をクリックして点線の表示にしてから、ふりがなをふりたい文字列を範囲指定します。

2 ［文字枠編集］タブの［ふりがな−ふりがな設定］を選択します。

MEMO

文字枠全体にふりがなをふるときは、文字枠全体を選択した状態で、［文字枠編集］タブの［ふりがな−ふりがな設定］を選択します。

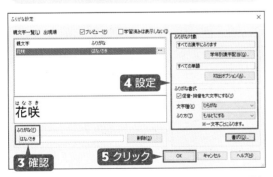

3 ［ふりがな］を確認し、必要があれば修正します。

4 ［ふりがな対象］や［ふりがな書式］などを設定します。

5 ［OK］をクリックします。

6 指定した文字列にふりがながふられます。

MEMO

ふりがなを解除したいときは、解除したい文字枠をクリックし、［文字枠編集］タブの［ふりがな−解除］を選択します。ふりがなをふったあとで、ふりがなを変更したいときも、一度解除をしてからふり直します。

HINT　漢字の学習レベルに応じてふりがなをふる

［ふりがな設定］ダイアログボックスの 学年別漢字配当 をクリックすると、ふりがなをふる範囲を学年別に指定できます。たとえば、「博物館の見学」という文字枠を選択し、［小学三年以上で習う漢字にふります］を選択すると、小学三年以上で習う「博物館」という漢字だけにふりがながふられます。

135 モジグラフィ

目立つタイトル文字を作りたい

「モジグラフィ」は、タイトル文字の作成に適したデザインツールです。文字を入力し、デザインを選ぶだけで、書籍の表紙やポスターのタイトルなどをアーティスティックに作成できます。

モジグラフィでタイトルを作成する

1 選択

1 [挿入] タブの [タイトル文字－モジグラフィ] を選択します。

➡ 一太郎で「モジグラフィ」を利用する方法は 48 ページへ

3 入力

2 選択

4 クリック

2 [モジグラフィ] ダイアログボックスでデザインを選択します。

3 [1 行目] [2 行目] のテキスト入力欄に、文字を入力します。

4 [OK] をクリックすると、タイトルが図面に挿入されます。

MEMO

モジグラフィで図面に挿入した文字は、1 文字ずつ図形化され、さらに全体がグループ化された状態となっています。図形として編集できるので、1 字のみ回転させたり、変形させたりといった編集も容易です。

HINT モジグラフィのデザインサンプル

[花子プラス] シートには花子の機能を使ったデザインのサンプルが、[シンプル] シートには一太郎に搭載されているデザインのサンプルが用意されています。花子プラスのデザインを使ったモジグラフィを一太郎に貼り付けると、正しく再現されないことがあります。その場合は、シンプルシートからデザインを選択してください。

MEMO

[タイトル文字] には、モジグラフィのほか、POP 文字やエフェクト文字もあります。POP 文字では、店内 POP やチラシに適した、影やフチ取りのある文字が、エフェクト文字では、文字枠全体を変形させた文字が作成できます。

136　バラエティ用紙

本のカバーと帯を作りたい

花子にはさまざまな用紙が作成できる「バラエティ用紙」の機能があります。ここではブログや自作の小説などを本にまとめるときに使える、トンボ付きのカバーと帯を作成する方法を説明します。

用紙サイズを設定する

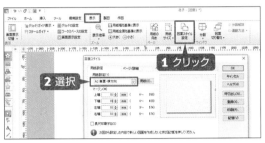

1. ［表示］タブの［図面スタイル設定］をクリックします。

2. 用紙を選択します。ここではトンボも表示するため、出来上がりサイズよりも大きなサイズの用紙を指定します。

カバーと帯を作成する

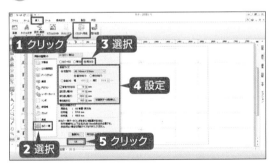

1. ［挿入］タブの［バラエティ用紙］をクリックします。

2. ［カバー・帯］を選択します。

3. カバーと帯の両方を作成するため、［両方］を選択します。

4. 表紙サイズや背表紙の幅、帯の高さなどの設定をします。

5. OK をクリックします。

MEMO

図面の水色の線は、「スケールガイド」と呼ばれる補助的な線です。印刷はされません。トンボとトンボを結ぶようにスケールガイドが表示されているので、裁断線や塗り足し幅が分かりやすくなっています。スケールガイドを非表示にするには、［表示］タブの［グリッド／ガイド表示－スケールガイド］を選択します。

6. カバーや帯の背景を作成し、文字や部品などを配置します。

MEMO

マルチコンテンツウィンドウの［画像］タブには、表紙カバー用の背景イメージが用意されています。［部品］タブにも、カバーや帯に適した部品が多数あります。

MEMO

印刷所に印刷を依頼する場合は、Photoshop形式など、印刷所に指定された形式で保存をします。Photoshop形式で保存するには、［ファイル］タブの［他形式の保存／開く－Photoshop形式で保存］を選択します。
なお、他形式で保存する場合は、その前に花子形式でも保存をしておきましょう。データを修正するときに便利です。

137 背景ページ

全ページに同じ背景を入れたい

花子の起動直後は通常ページですが、全ページの背景を同じデザインでそろえたいときは、背景ページを利用すると便利です。背景ページに配置した図形や文字は通常ページでは編集できないため、通常ページを編集中に、背景ページのレイアウトが崩れることはありません。

● 背景ページを作成する

1 画面下部の ▦ [サムネイル] タブをクリックします。

2 通常ページのサムネイルが表示されます。▤ [メニュー] をクリックします。

3 [背景ページ] を選択します。

> **HINT 背景ページへ切り替える方法**
>
> ここでは、あとで背景ページが確認できるよう、複数ページを一覧できる [サムネイル] を開いています。背景ページへの切り替えは、画面下部の [ページ切替] からも可能です。
>
>
>

4 背景ページに切り替わったことを確認します。

5 背景ページの1ページ目に画像や図形などを配置します。

6 通常ページに切り替えるため、 ▤ [メニュー] をクリックします。

7 [通常ページ] を選択します。

8 通常ページに切り替わります。サムネイルで、全ページに同じ背景が表示されていることが確認できます。

138 NEW! 図面切替パレット

別の図面に素早く切り替えたい

複数の花子の図面を開いて参照・編集をしているとき、クリップウィンドウからファイルを切り替えることができるようになりました。

● 図面を切り替える

1 クリックウィンドウの［図面］タブをクリックします。

2 図面切替パレットで、表示したいファイル名をクリックします。

3 図面が切り替わります。

MEMO

［表示］タブの［図面切り替え］で、ファイルを切り替えることもできます。

HINT 見えていないファイル名の表示

∧ ∨をクリックすると、見えていないファイル名を表示できます。

HINT クリップウィンドウの操作

クリップウィンドウには、花子の編集に便利なパレットが配置されています。タブをクリックして、必要なパレットを表示します。
クリップウィンドウを閉じるには、開いているタブをもう一度クリックするか、▶［最小化する］をクリックします。

139 [作成]

一太郎や花子、ExcelのファイルからPDFを作成したい

文書活用の幅を広げる PDFソフト「JUST PDF 4 [作成・編集・データ変換]」が、「一太郎 2020 プラチナ「35 周年記念版]」に搭載。「JUST PDF 4 [作成]」は、ファイル形式の異なる複数のファイルをまとめて PDF化できるので、関連ファイルを 1 つの PDFファイルにできます。

●「JUST PDF 4 [作成]」を起動

1 デスクトップのショートカットアイコンをクリックし、「JUST PDF 4 [作成]」を起動します。

2 追加 をクリックし、PDF にしたいファイルを指定します。1 つの PDF にまとめたいファイルを次々次と指定していきます。

3 [1 つのファイルにする] のチェックをオンにします。

4 実行 をクリックします。

MEMO

上から順につないで 1 つの PDF にします。順番を変更したい場合は 上へ移動 下へ移動 をクリックして調整します。

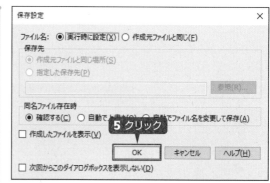

5 OK をクリックします。[名前を付けて保存] ダイアログボックスが開くので、保存する場所やファイル名を指定して 保存 をクリックします。

アドインでアプリケーションからPDF化する

一太郎や Excel などから「アドインボタン」で PDF を作成できます。一太郎のメニューから [JUST_PDF_4 − JUST_PDF_4 [作成]]を選択する方法もあります。エクスプローラーからは、ファイルの右クリックで PDF 作成が可能です。

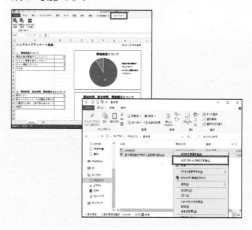

140 ［編集］ページの挿入

複数のPDFファイルを1つにまとめたい

複数のPDFファイルを1つのPDFに統合することができます。関連するバラバラのPDF資料を1つにまとめる、といったことが可能です。また、PDFファイルの必要なページだけを抜き出して別ファイルとして保存することもできます。

●「JUST PDF 4［編集］」を起動

1 デスクトップのショートカットアイコンをクリックし、「JUST PDF 4［編集］」を起動します。

2 メニューの［ファイル－開く］を選択し、編集したいファイルを開きます。

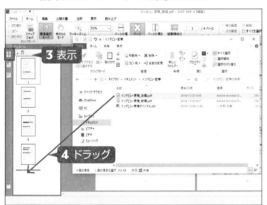

3 ［サムネイル］をクリックしてサムネイルパネルを表示します。

4 挿入したいファイルを、挿入したい個所にドラッグします。

5 ［ファイル－名前を付けて保存］を選択し、ファイルを保存します。

HINT ファイルの一部を抽出する

抽出したいページを選択して右クリックし、表示されるメニューから［ページの抽出］を選択します。すると、新しい画面に抽出したページだけが表示されるので、名前を付けて保存します。

141 [編集]検索

PDF文書内の文字列を検索したい

　キーワードを入力するだけで簡単に検索することができます。検索を実行すると、該当する文字列がハイライト表示されます。さらに、フォルダーに格納されているすべてのPDFファイルを対象に検索することも可能です。

文字列を検索する

1 「JUST PDF 4 [編集]」を起動し、[ホーム]タブの [簡易検索] をクリックします。

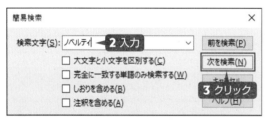

2 [検索文字]に検索したい文字列を入力します。

3 次を検索 をクリックします。

MEMO

大文字と小文字を区別したり、完全に一致する単語のみ検索したりしたい場合は、ダイアログボックスのそれらの項目のチェックをオンにします。

4 検索され、該当する文字列がハイライト表示されます。

MEMO

前を検索 または 次を検索 をクリックすると、前や次の該当文字列を検索できます。

 詳細を指定して検索する

[ホーム]タブの [検索] をクリックし、検索文字列を入力します。[検索場所]で、[指定したフォルダー以下にあるPDF文書]を選択し、検索したいフォルダーを指定して検索を実行します。検索結果に、該当するファイルのパスや該当個所が一覧表示されるので、クリックすると該当文字列が表示された状態でファイルが開きます。

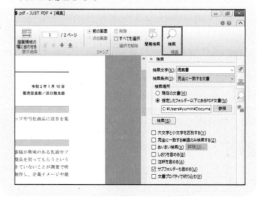

142 ［編集］ページの回転

ページの縦横の向きを変更して保存したい

ページの向きを90度単位で回転させることができます。受け取ったPDFファイルが横向きになっていたときや、縦向きにしかスキャンできないスキャナーでPDF化したファイルを横向きに変更したいときなどに便利です。

● ページを回転させる

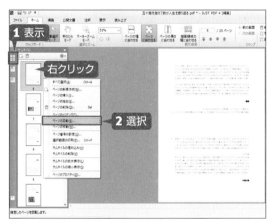

1 「JUST PDF 4 ［編集］」で向きを変更したいファイルを開いた状態で、 ▦ ［サムネイル］をクリックしてサムネイルパネルを表示します。

2 サムネイルを右クリックし、メニューの［ページの回転］を選択します。

MEMO

［編集］タブの ▦ ［回転］をクリックしてもOKです。

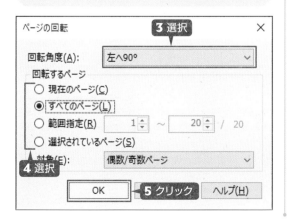

3 ［回転角度］で［右へ90°］［左へ90°］［180°］のいずれかを選択します。

4 ［回転するページ］で回転したいページを選択します。

5 ｜OK｜をクリックします。

6 指定された回転角度に変更されるので、上書き保存するか、名前を付けて保存します。

HINT PDFを回転して表示する

［表示］タブで ▦ ［左へ90回転］または ▦ ［右へ90回転］をクリックすると、ページが選択した方向に90度回転して表示されます。これは、表示上のページの向きで、実際のファイルの向きは変更されません。

143 [編集]軽量化
ファイルのサイズを小さくしたい

画像の圧縮方式の変更や、表示に不要な情報を削除して、PDFのファイルサイズを削減できます。メールに添付する、Web公開するなど、PDFファイルのサイズを軽くしたい場合に便利です。

● ファイルサイズを小さくする

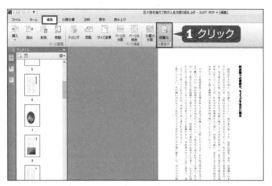

1 「JUST PDF 4[編集]」を起動し、[編集]タブの [軽量化] をクリックします。

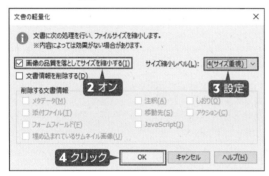

2 [画像の品質を落としてサイズを縮小する]のチェックがオンになっていることを確認します。

3 [サイズ縮小レベル]を設定します。数字が大きくなるほど軽くなります。

4 OK をクリックします。

MEMO

文書情報を削除する場合は[文書情報を削除する]のチェックをオンにし、削除する情報を選びます。

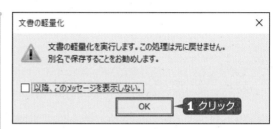

5 [文書の軽量化] ダイアログボックスが開くので、内容を確認して OK をクリックします。

6 [名前を付けて保存] ダイアログボックスが開くので、別名で保存します。

7 オリジナルのファイルよりファイルサイズが小さくなったことが分かります。

144 ［編集］トリミング

ページの一部だけをトリミングして切り出したい

「JUST PDF 4 ［編集］」では、PDFファイルに対して、さまざまな加工を行えます。ページの一部を切り出し、それ以外の部分を削除することも可能です。必要な部分だけを切り出したいときや、余白をなくしたいときに便利です。

● ページの一部をトリミングする

1 「JUST PDF 4［編集］」を起動し、［編集］タブの [トリミング] をクリックします。

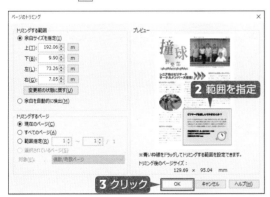

2 右側のプレビューの青い線をドラッグして、トリミングしたい範囲を指定します。

3 OK をクリックします。

> **MEMO**
>
> ［トリミングする範囲］の数値を指定することで、トリミング範囲を正確に指定できます。［トリミングするページ］で指定すれば、複数ページの同じ場所をトリミングすることもできます。

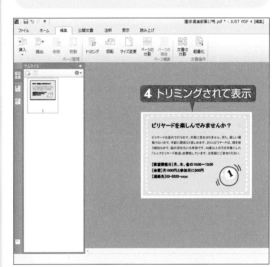

4 トリミングされた状態の PDF が表示されます。

5 上書き保存しないように注意し、別名で保存します。

145 ［編集］スナップショット

ページの一部分をコピーして別のファイルで利用したい

PDFのページ上で選択した範囲をコピーし、ほかのアプリケーションなどに画像として貼り付けて利用することができます。

● ページの一部をコピーする

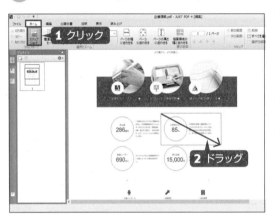

1 「JUST PDF 4［編集］」を起動し、［ホーム］タブの [スナップショット]をクリックします。

2 コピーしたい部分をドラッグして選択します。

> **MEMO**
>
> 「選択した領域がコピーされました」というメッセージが表示された場合は、OKをクリックします。これで、選択した範囲が画像としてコピーされ、クリップボードに保存されます。

3 画像を貼り付けたいアプリケーションを起動し、貼り付けたい場所にカーソルを置き、Ctrl + V キーなどで貼り付けます。

> **MEMO**
>
> スナップショットを実行したあとに別の文字列などをコピーするとクリップボードが上書きされ、画像をコピーすることができません。実行後はすぐに貼り付けを行いましょう。

HINT 文字列のみをテキストとしてコピーする

スナップショットでは、指定した領域を画像として利用することができます。テキストの一部をコピーして利用したいときは［ホーム］タブの [標準選択モード]をクリックし、文字列をドラッグするとコピーできます。通常のコピー＆ペーストの要領で別のアプリケーションに貼り付ければ再利用できます。

146 ［編集］ページの分割／ページの結合

ページを分割したり結合したりしたい

1ページのPDFを複数ページに分割したり、2ページのPDFを1ページに統合したりできます。2ページ分が1ページに割り付けられたものを2分割したり、2ページを統合して1ページに2ページ分のPDFを割り付けたりしたりすれば、思い通りに印刷することができて便利です。

● ページを分割する

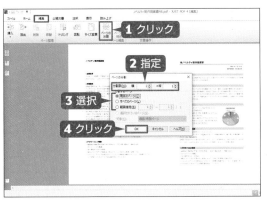

1 「JUST PDF 4［編集］」を起動し、［編集］タブの [ページの分割] をクリックします。

2 ［ページの分割］ダイアログボックスが開くので、［分割数］を指定します。ここでは、横に2ページ分割り付けられたものを分割するために横［2］、縦［1］と指定しています。

3 ［分割するページ］を選択します。

4 OK をクリックします。

5 ページが左右に2分割されます。

● ページを結合する

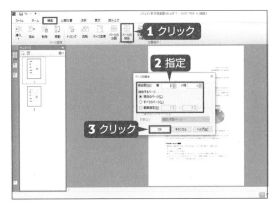

1 ［編集］タブの [ページの結合]をクリックします。

2 ［ページの結合］ダイアログボックスが開くので、ページの分割同様、［結合数］や［結合するページ］を指定します。

3 OK をクリックします。

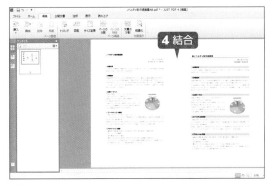

4 ページが結合されます。

注釈やすかしを挿入したい

PDFに注釈を付けることができます。取り消し線や丸囲み、コメントの挿入などができ、文書チェックに役立ちます。また、「見本」や「オリジナル」などのすかしや、「社外秘」や「取扱注意」といったスタンプを挿入することも可能です。

注釈を付ける

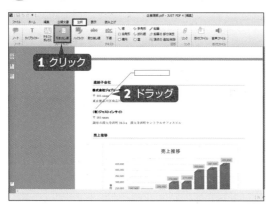

1 「JUST PDF 4[編集]」を起動し、[注釈]タブの[引き出し線]をクリックします。

2 コメントを付けたい位置からコメント入力する枠を表示したい位置までドラッグします。

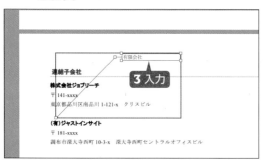

3 枠内にコメントを入力します。

MEMO

取り消し線や楕円なども同じような操作でPDF上に書き加えることができます。

すかしを入れる

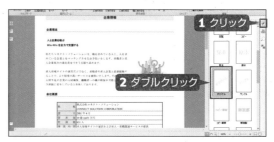

1 画面右端の 📑 [すかし]をクリックします。

2 すかしパレットが表示されるので、挿入したいすかしをダブルクリックします。

MEMO

画面右端の 🔖 [スタンプ]をクリックすると、スタンプを挿入できます。

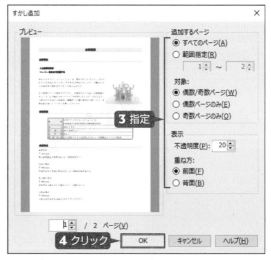

3 追加するページの範囲や不透明度、重ね方などを指定します。

4 [OK]をクリックすると、すかしが挿入されます。

148 NEW! ［データ変換］
PDFデータを一太郎やExcelファイルに変換したい

　PDFファイルを、一太郎や Word・Excel・PowerPointなどさまざまなアプリケーションのデータに変換できます。PDFデータの再利用・再編集に便利です。

●「JUST PDF 4 ［データ変換］」を起動する

1 「JUST PDF 4 [データ変換]」を起動し、［追加］をクリックします。

2 変換したいファイルを指定して「開く」をクリックします。

MEMO
［変換対象ファイル一覧］に変換したいファイルをドラッグしても構いません。

3 ［変換形式］を指定します。

4 ［出力先設定］で保存先を指定します。

5 ［変換開始］をクリックします。

MEMO
［出力ファイルを開く］がグレーアウト（クリックできない状態）している間は変換中です。変換が終わるのを待ちます。

6 ［出力ファイルを開く］をクリックします。

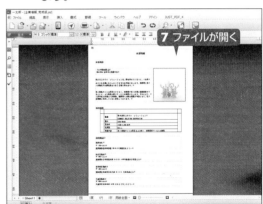

7 変換されたファイルが、［変換形式］で指定したアプリケーションで開きます。

MEMO
［変換形式］で［Excel］を指定した場合、1ページが1シートとして出力されます。

149 ファイルを開く
Excelファイルを読み込みたい

「一太郎 2020 プラチナ [35 周年記念版]」に搭載されている「JUST Calc 4 /R.2」(以下、JUST Calc 4) は、Excelと高い互換性を持った表計算ソフトです。Excelファイルを、通常のファイルを開く操作で開くことができます。

● Excelファイルを開く

1 [ファイル－開く] を選択します。

2 開きたいファイルを選択します。

3 開く をクリックします。

MEMO

読み込めるファイル形式は、Microsoft Excel (2019 ～ 2003)、CSV、TXT、DBF です。保存は、PDF 形式にも対応しています。

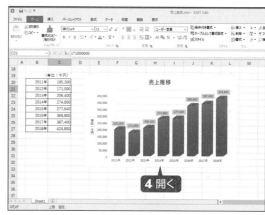

4 Excel ファイルが開きます。

HINT xls形式のファイルを xlsx形式に変換する

[ファイル－情報－変換] を選択し、表示されたメッセージで OK をクリックすると、xlsx 形式に変換されます。xls 形式のファイルを xlsx 形式に変換すると、JUST Calc 4 の機能がすべて利用できるようになります。

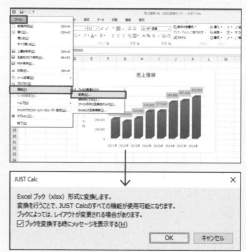

150 ブックの最適化
ブックを最適化したい

　シートやブックなどのセルスタイル、条件付き書式、図形、セル書式の4項目を最適化することで、ファイルサイズやメモリ使用量の肥大化、速度劣化を防ぐことができます。JUST Calc 4の独自機能です。

● ブックを最適化する

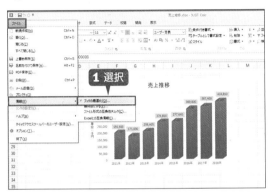

1　［ファイル－情報－ブックの最適化］を選択します。

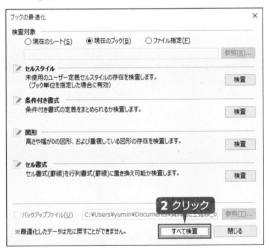

2　［ブックの最適化］ダイアログボックスが開くので、[すべて検査]をクリックします。

MEMO

個別に最適化したい場合は、それぞれの項目の右横にある[検査]をクリックします。表示されるダイアログボックスで結果を確認します。

MEMO

最適化したデータは元に戻すことができないので、元データを保存したあとに実行し、別名で保存することをおすすめします。［ファイル－名前を付けて保存］で、xlsx形式で保存できます。

HINT 編集中のファイルを最終版にする

［ファイル－情報－最終版にする］を選択して編集中のブックを最終版として保存し、不要な変更がされることを防ぎます。最終版として保存されたブックは、入力や編集ができなくなり、読み取り専用となります。また、上書き保存することもできません。

最終版の設定は、ブックにセキュリティを設定する機能ではありません。最終版の設定を解除することで、いつでも入力・編集・上書き保存が可能になります。

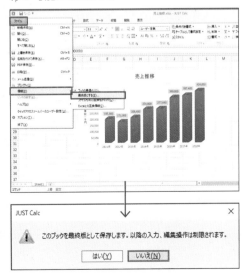

151 関数の挿入

関数を使用したい

　Excelとほとんど同じ操作で関数を入力することができます。種類も、Excelで使われる主要なものを網羅しています。ウィザードを使った検索・挿入や、関数のヘルプも充実しており、操作に戸惑うことはありません。

● 関数を挿入する

1 　$f_{(x)}$ ［関数の挿入］をクリックします。

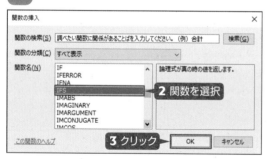

2 　［関数の挿入］ダイアログボックスが開くので、検索するか、分類から選ぶか、関数名が分かる場合は、直接関数名を選択します。

3 　OK をクリックします。

> **MEMO**
>
> 関数を選択すると、右横に説明が表示されます。［この関数のヘルプ］をクリックすると、さらに詳しい内容を確認できます。

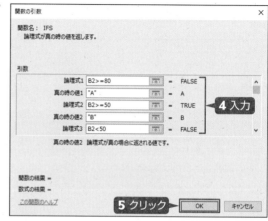

4 　［関数の引数］ダイアログボックスが開きます。引数を入力します。

5 　OK をクリックします。

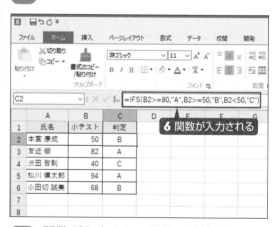

6 　関数が入力され、関数の計算結果が表示されます。

> **MEMO**
>
> Excel 2019 で新しく追加された IFS や SWITCH などにも対応しています。

152 グラフの挿入／グラフスタイル

グラフを作成し、スタイルを変更したい

グラフの作成やスタイルの変更も、Excelと同様に実行できます。Excel 2013 で追加された新しいグラフスタイルにも対応しています。

グラフを作成する

1 グラフにしたいデータの範囲を指定します。

2 [挿入] タブの ⅢⅡ [グラフ] をクリックします。

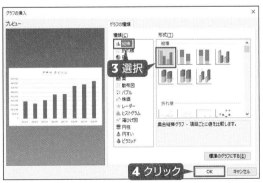

3 [グラフの種類] シートで、作成するグラフの種類と形式を選択します。

4 [OK] をクリックすると、グラフが挿入されます。

グラフスタイルを設定する

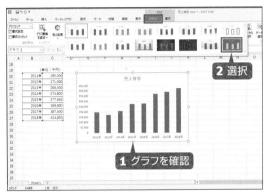

1 挿入されたグラフを確認します。

2 [グラフ] の [デザイン] タブの [グラフスタイル] で、設定したいグラフスタイルを一覧から選択します。

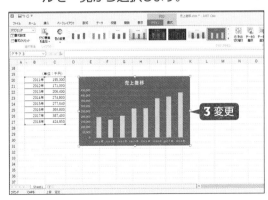

3 グラフスタイルが変更されます。

MEMO

グラフの色を変更したい場合は 🎨 [色の変更] をクリックして色のセットを選択します。

153 クイックアクセスツールバーのユーザー設定

クイックアクセスツールバーによく使う機能を追加したい

クイックアクセスツールバーに新しくコマンドを割り付けたり、コマンドの並び順を変更したりできます。利用頻度の高い機能を追加すると、メニューからたどらなくてよくなり、時短できます。

● クイックアクセスツールバーに機能を追加する

1 ［ファイル－クイックアクセスツールバーのユーザー設定］を選択します。

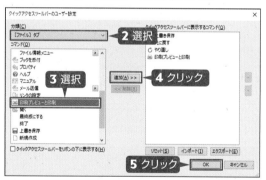

2 ［分類］の右端の ∨ をクリックして、クイックアクセスツールバーに追加したいコマンドの分類を選択します。ここでは［［ファイル］タブ］を選択しています。

3 ［コマンド］で、クイックアクセスツールバーに追加したいコマンドを選択します。ここでは［印刷プレビューと印刷］を選択しています。

4 ［追加］をクリックします。

5 ［OK］をクリックします。

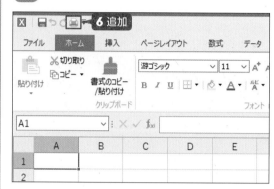

6 クイックアクセスツールバーにコマンドが追加されます。

HINT 並び順を変更する

コマンドの表示順を入れ替えたい場合は、［クイックアクセスツールバーのユーザー設定］ダイアログボックスでコマンドを選択して や ⌄ をクリックします。

154 ファイルを開く
PowerPointファイルを読み込みたい

「JUST Focus 4 /R.2」(以下、JUST Focus 4) は、PowerPointと高い互換性を持ったプレゼンテーションソフトです。PowerPointファイルを、通常のファイルを開く操作で開くことができます。

● PowerPointファイルを開く

1 [ファイル-開く] を選択します。

2 開きたいファイルを選択します。

3 開く をクリックします。

4 PowerPoint ファイルが開きます。

読み込めるファイル形式は、Microsoft PowerPoint (2019 ～ 2007) です。保存は、Microsoft PowerPoint (2019 ～ 2007)、PDF、GIF、JPEG、PNG、TIFF、BMP、WMF、EMF 形式に対応しています。なお、PPT 形式には対応していません。

HINT ppt形式のファイルをpptx形式に変換する

[ファイル-情報-変換] を選択すると、[名前を付けて保存] ダイアログボックスが開くので、[ファイルの種類] が「PowerPoint プレゼンテーション (*.pptx)」になっていることを確認して[保存]をクリックします。ppt 形式のファイルを pptx 形式に変換すると、JUST Calc 4 の機能がすべて利用できるようになります。

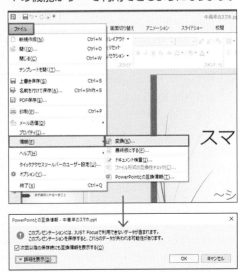

155 新規作成

プレゼンテーションを新しく作成したい

プレゼンテーションを新しく作成する方法を説明します。印刷することを前提に、A4横置きにし、デザインを設定してスライドのフォーマットを作成してみましょう。

● A4横のスライドを新規作成する

1 ［ファイル－新規作成］を選択します。

MEMO

プレゼンテーションが新しく開かれ、プレゼンテーションを作成できる状態になります。

2 ［デザイン］タブの ［ページ設定］をクリックします。

3 ［スライドサイズ］で［A4 210×297mm］を選択します。

4 ［印刷の向き］の［スライド］で［横］を選択します。

5 OK をクリックします。

● テーマを設定する

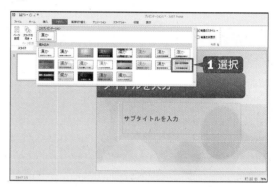

1 ［デザイン］タブのテーマ一覧から設定したいテーマを選択します。

● 新しいスライドを追加する

1 ［ホーム］タブの ［新しいスライド］の下部をクリックします。

2 一覧から追加したいレイアウトを選択すると、現在のスライドの次に選択したレイアウトのスライドが追加されます。

156 グラフの挿入
グラフを挿入したい

　スライドにはグラフを挿入できます。グラフを挿入すると自動的に JUST Calc 4 が起動し、グラフのデータを編集できます。

● グラフを挿入する

1 前ページと同じ要領で新しいスライド［タイトルとコンテンツ］を挿入し、コンテンツ内の ■■［グラフの挿入］をクリックします。

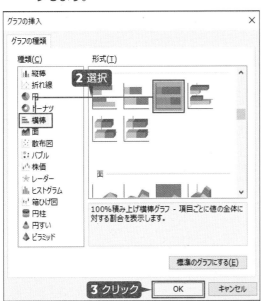

2 ［グラフの挿入］ダイアログボックスが開くので、［種類］と［形式］を選択します。

3 OK をクリックします。

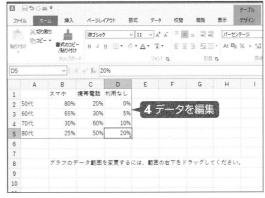

4 JUST Calc 4 が起動するので、グラフのデータを編集します。編集したら、JUST Calc 4 を終了します。

> **MEMO**
>
> あらかじめ用意している表をコピーしても構いません。

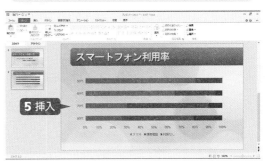

5 スライドにグラフが挿入されます。大きさなどを調整します。

> **MEMO**
>
> 編集が終了したら、JUST Calc 4 を終了します。再度編集したい場合は、グラフを右クリックして開くメニューから［データの編集］を選択します。すると JUST Calc 4 が起動し、編集できます。

157 図表の挿入

図表を挿入したい

図表機能を利用すると、概念図や組織図など、いろいろな種類の図表を簡単に体裁よく作成することができます。PowerPointの「SmartArt」に似た機能です。

● 図表を挿入する

1 新しいスライド［タイトルとコンテンツ］を挿入し、コンテンツ内の [図表の挿入] をクリックします。

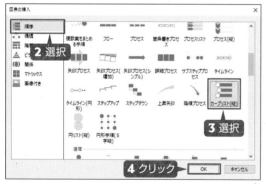

2 画面の左で分類を選択します。

3 右の一覧から、挿入したい図表を選択します。

4 OK をクリックします。

MEMO

分類を選択しなくても、右の一覧をスクロールしていくと、すべての分類の図表を確認できます。

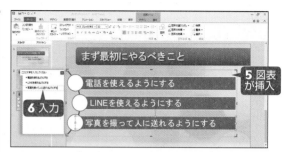

5 選択した図表がスライドに挿入されます。

6 テキストウィンドウをクリックして図表に文字を入力していきます。

MEMO

テキストウィンドウが表示されていない場合は、図表の上で右クリックして表示されるメニューから［テキストウィンドウの表示］を選択します。

HINT 図表の図形を追加する

新しく図形を追加したい場所の近くにある図形をクリックして選択します。［図表ツール］の［デザイン］タブの［図形の追加］の右端にある ▼ をクリックして表示される一覧から、図形を追加する場所を選択します。テキストウィンドウで Enter キーを押して、図形を追加する方法もあります。

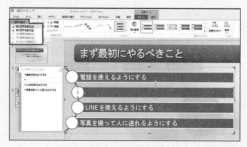

158 アニメーション
画面切り替えアニメーション効果を設定したい

　スライドに挿入されている文字や図、図形などのオブジェクトにアニメーション効果を設定できます。画面切り替えや細かく設定できるアニメーション効果も豊富に用意されているので、効果的なプレゼンを演出できます。

● アニメーション効果を設定する

1 画面左側のスライドの一覧で、アニメーション効果を設定したいスライドをクリックして選択します。選択したスライドが編集画面に表示されます。

2 アニメーション効果を設定したいオブジェクトをクリックして選択します。

3 ［アニメーション］タブの［アニメーション］の一覧から、設定したいアニメーション効果をクリックして選択します。

4 選択したアニメーション効果がオブジェクトに適用され、すぐにその効果をプレビューできます。

――――― MEMO ―――――

必要に応じて［効果のオプション］をクリックして、効果の詳細を設定します。

HINT 選択したスライドに設定されたアニメーション効果を再生して確認する

効果を確認したいスライドを画面に表示し、［アニメーション］タブの ［プレビュー］の絵の部分をクリックします。選択したスライドに設定されているアニメーション効果が順番に再生されます。すべてのスライドの効果を確認したい場合は、［スライドショー］タブの ［最初から］をクリックしてスライドショーを実行します。

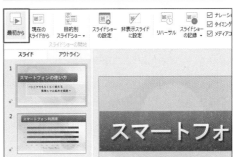

159 アカウント登録設定

受信・送信などのメール設定を行いたい

「Shuriken 2018」(以下、Shuriken) は、高いセキュリティ機能を備えたメールソフトです。まずは、使用するアカウントを Shurikenに登録し、受信サーバーや送信サーバーに関する情報を設定します。アカウント登録のウィザード内で、SSLの設定やポート番号の設定も行えます。

● アカウントを設定する

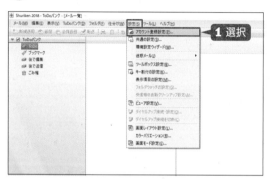

1 一覧画面で [設定−アカウント登録設定] を選択します。

MEMO

送信画面でも同じメニューを選択できます。

2 [新しくアカウントの設定を行う] を選択します。

3 次へ をクリックします。

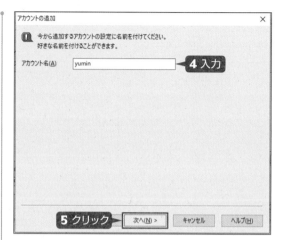

4 [アカウント名] に、今から設定するアカウント (メール送受信の設定) に付ける名前を入力します。

5 次へ をクリックします。

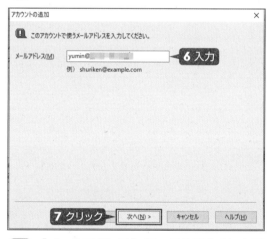

6 [メールアドレス] に、このアカウントで使うメールアドレスを入力します。

7 次へ をクリックします。

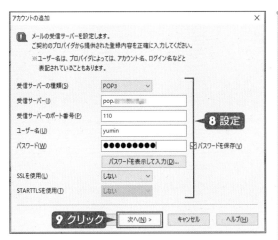

9 クリック 次へ(N) > | キャンセル | ヘルプ(H)

8 メールの受信サーバーに関する情報を設定します。

9 次へ をクリックします。

[受信サーバーの種類] は、右端の▼をクリックして、[POP3] と [IMAP4] から選択します。プロバイダやシステム管理者から提供された情報に受信サーバーの種類について特に記載がない場合は、[POP3] を選択します。

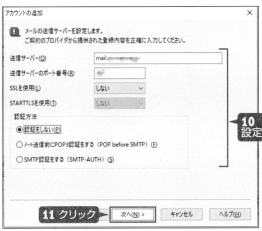

10 設定

11 クリック 次へ(N) > | キャンセル | ヘルプ(H)

10 メールの送信サーバーに関する情報を設定します。

11 次へ をクリックします。

[送信サーバー] には、プロバイダから指定された送信サーバー名を入力します。[認証方法] は、プロバイダから提供された情報に送信サーバーの認証についての記載がなければ [認証をしない] を選択します。記載がある場合は、指示に従って設定します。

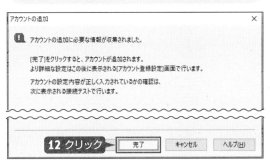

12 クリック 完了 | キャンセル | ヘルプ(H)

12 完了 をクリックします。

接続テストを行うか行わないかを確認するメッセージが表示されるので、[はい]をクリックして接続テストを実行します。

ほかのメールソフトから乗り換える

Shuriken および Shuriken の着信監視を終了します。Windows のスタートボタンをクリックし、[JustSystems ツール&ユーティリティー JustSystems ツール&ユーティリティ] を選択します。[Shuriken 2018] から [Shuriken メール変換ツール] を選択し、対象のメールソフトを選択して変換を開始します。

第2章 一太郎2020 プラチナ[35周年記念版]編

160 確認メッセージ
送信メールチェックを活用したい

メール送信を実行したタイミングで内容が自動的にチェックされ、問題がある場合に指摘します。見出しの付け忘れや敬称抜け、添付ファイルの付け忘れ、添付ファイルが大きすぎる際などに指摘します。

● メール送信を実行する

メールを作成し、[送信]をクリックします。メールの内容が自動的にチェックされます。

・見出しや敬称の付け忘れ、添付ファイルのサイズを指摘

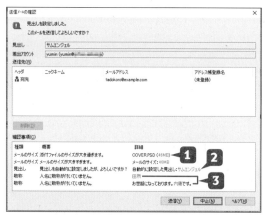

1 添付ファイルのサイズ（全体のファイルサイズ）が大きい場合に指摘されます。初期設定では、サイズが3MB以上の場合に表示されます。

2 見出しが付いていないため、1行目が自動的に見出しに設定されています。

3 人名に敬称が付いていません。

・宛先間違いの可能性や添付ファイルの付け忘れを指摘

1 見出しや本文中に「添付」や「送付」といった文言があるにもかかわらず、添付ファイルがない場合に指摘します。

2 多数の宛先を設定したメールは、メールアドレスや宛先の種類（TO・CC・BCC）を間違える可能性が高いので、再確認するための機能です。初期設定では、宛先の合計が10を超えると指摘されます。

(HINT) 設定を変更する

[設定－共通の設定]を選択し、グループで[確認メッセージ]をクリックして変更します。

161　送信遅延
メール送信の取り消しができるようにしたい

　最終的な送信ボタンを押してからでも、一定時間内であればメールの送信処理を取り消すことができます。メール送信ミス防止の最後のとりでとして役立ちます。インストール直後の設定では、無効になっているので、取り消しができるようにしたい場合は、設定を変更しましょう。

● 送信遅延を設定する

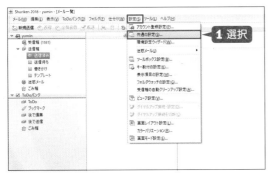

1　［設定－共通の設定］を選択します。

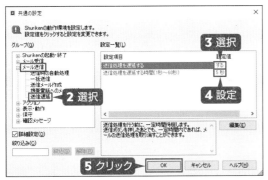

2　［共通の設定］ダイアログボックスが開くので、グループで［メール送信－送信遅延］を選択します。

3　［設定一覧］で、［送信処理を遅延する］を［する］にします。

4　［送信処理を遅延する時間］で遅延させる時間を設定します。

5　OK をクリックします。

● 送信を中止する

1　メール送信を中止したい場合は、送信ボタンを押したあとに表示される［送信中］ダイアログボックスで 中止 をクリックします。

2　OK をクリックします。送信が取り消されます。

> **MEMO**
>
> ［送信中］ダイアログボックスに 中止 が表示されている時間は、［送信処理を遅延する時間］で指定した秒数です。指定した秒数待機してから、メールの送信処理が実行されます。

162 校正実行

送信前に文書校正を実行したい

　送信画面で編集中のメールの本文をチェックしたり、メールの送信時に本文をチェックしたりできます。文書精度を求められるメール作成時に活躍する機能です。

● メールの内容を校正する

1 送信画面で、［ツール－校正実行］を選択します。

> MEMO
>
> ［文字コードを選択して開く］画面が開いた場合は、文字コードを選択して OK をクリックします。

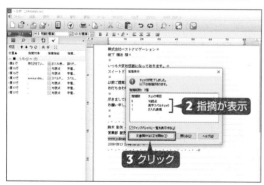

2 一太郎が起動し、指摘が表示されます。

3 文書頭から訂正を開始 をクリックします。

4 指摘対象文字列や指摘理由が表示されるので、確認します。

5 修正候補を確認し、違う文字列にしたい場合は入力し直します。

6 置換 をクリックします。

> MEMO
>
> 修正せずに次に進みたい場合は マーククリア または 次のマークへ をクリックして次に進みます。

7 すべての修正が終わったらダイアログボックスを閉じ、画面右上の ☓ ［閉じる］をクリックして一太郎の画面を閉じます。

> MEMO
>
> メール送信時に自動的にチェックするようにも設定できます。［設定－共通の設定］を選択し［メール送信－送信時の自動処理］の［送信時に文章校正を実行］を［する］にします。

163 迷惑メール設定
ホワイトリストを設定して迷惑メールにならないようにしたい

Shurikenには、迷惑メールかどうかを判定するフィルターが搭載されています。迷惑メールと判定されたメールは、自動的に迷惑メールフォルダに移動されます。迷惑メールでないと判定したいときは、ホワイトリストを設定し、迷惑メールと判定されないようにします。

● ホワイトリストを設定する

1 [設定－迷惑メール－迷惑メール設定]を選択します。

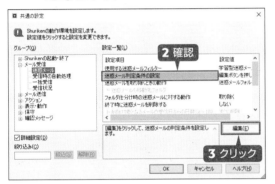

2 [迷惑メール判定条件の設定]が選択されていることを確認します。

3 編集 をクリックします。

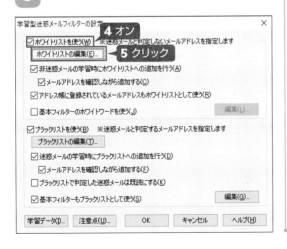

4 [学習型迷惑メールフィルターの設定]ダイアログボックスが開くので、[ホワイトリストを使う]のチェックをオンにします。

5 ホワイトリストの編集 をクリックし、迷惑メールに判定されたくないメールアドレスを入力します。

MEMO

必要に応じて[非迷惑メールの学習時にホワイトリストへの追加を行う]や[アドレス帳に登録されているメールアドレスもホワイトリストとして使う]のチェックもオンにします。

 ホワイトワードを設定する

ホワイトワードに登録した文字列が含まれるメールは、必ず迷惑メールでないと判定されます。メールの内容で迷惑メールでないと判定したいときに使用します。
手順 **4** の[学習型迷惑メールフィルターの設定]ダイアログボックスで[基本フィルターのホワイトワードを使う]のチェックをオンにし、編集 をクリックします。
[ホワイトワードを使用する]のチェックをオンにし、設定 をクリックして任意のワードを追加します。

164 実行するアプリケーション

圧縮ファイルを解凍するツールを変更したい

メールに添付された圧縮ファイルを解凍する際、使用するツールによっては ZoneID が欠落する場合があります。適切なツールで解凍することで、解凍後のファイルにも ZoneID を引き継げ、標的型攻撃メールによるリスクを軽減します。

● 解凍ツールを変更する

1 添付された ZIP ファイルの ［ツール起動する］ をクリックします。

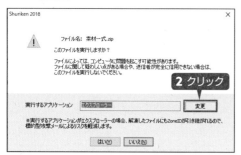

2 実行するかどうかを確認するダイアログボックスが開くので、［実行するアプリケーション］の右横にある ［変更］ をクリックします。

3 ［アクションの設定］ダイアログボックスが開くので、表示ツールを設定します。

> MEMO

初期設定では、解凍ツールとしてエクスプローラーが設定されています。ほかに ZoneID を引き継げるソフトがインストールされていない場合は、エクスプローラーのままで問題ありません。

HINT ツール起動を禁止する拡張子を追加する

ファイルの拡張子を登録して、ツール起動を禁止するかどうかを設定します。［設定−共通の設定］でダイアログボックスを開き、［グループ］で［アクション］を選択します。［ツール起動を禁止する拡張子を指定］を［する］にして ［設定］ をクリックすると、拡張子を追加したり削除したりできます。exe や js など、特に危険性の高いファイルタイプはあらかじめ登録されています。

165　アカウント登録設定
キャリアメールを受信できるようにしたい

Shurikenはマルチアカウントに対応しているため、複数のアカウントを登録してメールを管理できます。ドコモメールやYahoo!メールなどスマートフォンのメールやWebメールのアカウントを簡単に設定することができます。ここでは、ドコモメールを受信する設定を説明します。

● ドコモメールを受信できるように設定する

1 一覧画面で［設定－アカウント登録設定］を選択します。

2 ［登録・編集▼］をクリックして［アカウントの追加］を選択します。

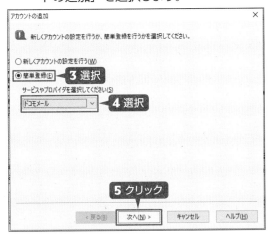

3 ［簡単登録］を選択します。

4 ［サービスやプロバイダを選択してください］で［ドコモメール］を選択します。

5 ［次へ］をクリックします。

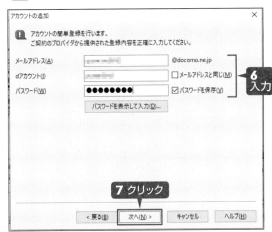

6 ［メールアドレス］［dアカウント］［パスワード］を入力します。

7 ［次へ］をクリックします。次に表示される画面で［完了］をクリックすると、接続テストが実行されます。

MEMO

ドコモメールをIMAP対応のメールソフトで利用するには以下の設定が必要です。詳しくはドコモのサイトでご確認ください。
・dアカウントの発行
・dアカウントの利用設定を有効にする
・IMAP専用のパスワードの発行

166 アカウント登録設定

Gmailを受信できるようにしたい

　Shurikenは、Gmailの新認証方式（OAuth2）に対応しているので、Gmailを Shurikenで送受信することもできます。Shurikenのアカウント簡単登録画面で、Shurikenからのアクセスの許可まで設定できます。

● Gmailを受信できるようにする

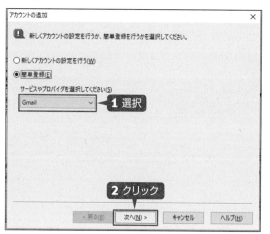

1 185 ページの手順 **1**〜**3** のあと、[サービスやプロバイダを選択してください] で [Gmail] を選択します。

2 次へ をクリックします。

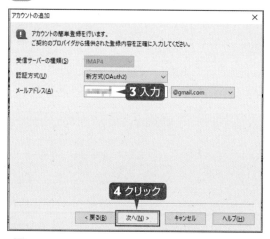

3 [メールアドレス] に Gmail のアドレスの「@」より前の部分を入力します。

4 次へ をクリックします。

5 ブラウザーに [Shuriken からのアクセス許可] の画面が表示されます。

6 許可 をクリックします。Shuriken に表示される画面で 完了 をクリックすると、接続テストが実行されます。

7 追加したアカウントを、標準のアカウントとして使用するかしないかのメッセージが表示されるので、いずれかをクリックします。

167 カラーバリエーション
背景のデザインを変更したい

好みに合わせて、Shurikenの画面全体の色合い（デザイン）を設定することができます。フォルダー一覧やメール一覧、ツールバーなどの色調やデザインが51種類用意されています。

● 背景デザインを設定する

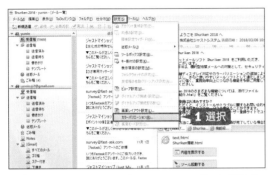

1 ［設定－カラーバリエーション］を選択します。

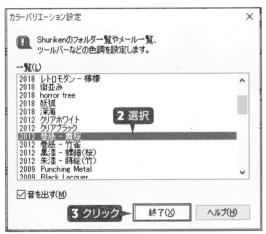

2 一覧から好みのデザインを選択します。

3 ［終了］をクリックします。

MEMO

「星空」を選ぶと、季節ごとに星空が切り替わります。春は「おおくま座」、夏は「さそり座」、秋は「カシオペア座」、冬は「オリオン座」と、季節の星空を楽しめます。

4 選んだデザインが画面に反映されます。

(HINT) 画面レイアウトを変更する

初期設定では、フォルダー一覧、メール一覧、ビューアが3列に並んだレイアウトになっています。好みに合わせてその配置を変更することができます。一覧画面で、［設定－画面レイアウト設定］を選択し、レイアウトの種類を選びます。

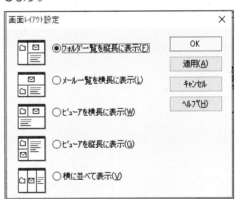

索引

井上健語（いのうえ けんご／テクニカルライター）

フリーランスのテクニカルライター。オールアバウトの「Wordの使い方」「パソコンソフト」のガイドも担当。ビジネス＋IT（SBクリエイティブ）等での企業取材、広告記事も手がける。近著は『誰でもできる！ LINE WORKS導入ガイド』（日経BP社）など。
個人サイト：http://www.makoto3.net/
Facebook：https://www.facebook.com/inouekengo

内藤由美（ないとう ゆみ／フリーライター）

ジャストシステムを退社後、IT関連のライター・編集者として活動。ソフトウエアの解説本、パソコンやスマートフォンの活用記事などを執筆。日経BP社のムックや書籍の編集も担当。趣味が高じてビリヤード雑誌でも執筆中。

中野久美子（なかの くみこ／テクニカルライター・編集者・インストラクター）

「わかりやすく伝える」をモットーにソフトウエアの解説本などの執筆・編集に携わる。パソコンインストラクターとしても活動し、書籍やセミナーなどを通じ、パソコンの楽しさを発信中。

柳田留美（やなぎだ るみ／テクニカルライター）

ソフトウエアの解説書をはじめ、IT系、エンターテインメント系の記事の執筆・編集に携わる。Webコンテンツやメールマガジンの企画・制作分野でも活動中。

●「一太郎2020」「一太郎2020 プラチナ[35周年記念版]」の操作に関するご質問は、株式会社ジャストシステム　サポートセンターにお問い合わせください。
●その他、本書で紹介したハードウエア・ソフトウエア・システム本体に関するご質問は、各メーカー・開発元の担当部署にお問い合わせください。
●本書の内容に基づく運用結果について、弊社は責任を負いません。ご了承ください。
●万一、乱丁・落丁本などの不良がございましたら、お手数ですが株式会社ジャムハウスまでご返送ください。送料は弊社負担でお取り替えいたします。
●本書の内容に関する感想、お問い合わせは、下記のメールアドレスあるいはFAX番号あてにお願いいたします。電話によるお問い合わせには、応じかねます。
　メールアドレス◆mail@jam-house.co.jp　FAX番号◆03-6277-0581
●可能な限り、最新の情報を収録するように努めておりますが、商品のお買い上げの時期によって、同一書籍にも多少の違いが生じるケースがあります。また、これは本書の刊行時期以降の改変などについて保証するものではございません。ご了承ください。

まるごと活用！ 一太郎2020 [リファレンス編]
2020年2月7日　初版第1刷発行

　　著者｜井上健語＋内藤由美＋中野久美子＋柳田留美
　発行人｜池田利夫
　発行所｜株式会社ジャムハウス
　　　　　〒170-0004　東京都豊島区北大塚2-3-12
　　　　　　　　　　　ライオンズマンション大塚角萬302号室
カバー・｜船田久美子
本文デザイン｜
印刷・製本｜株式会社厚徳社

ISBN978-4-906768-75-2
定価はカバーに明記してあります。

© 2020　Kengo Inoue, Yumi Naito,
Kumiko Nakano, Rumi Yanagida
JamHouse
Printed in Japan